读禅学领导

王帅 著

DU CHAN XUE LINGDAO

广西人民出版社

图书在版编目（CIP）数据

读禅学领导／王帅著. —南宁：广西人民出版社，2013.8

ISBN 978-7-219-08416-8

Ⅰ.①读… Ⅱ.①王… Ⅲ.①禅宗—领导学—通俗读物 Ⅳ.①B946.5-49 ②C933-49

中国版本图书馆CIP数据核字（2013）第123084号

监　　制　白竹林
策划编辑　罗敏超
责任编辑　罗敏超
美术编辑　王　霞
封面设计　王　霞
印前制作　麦林书装

出版发行　广西人民出版社
社　　址　广西南宁市桂春路6号
邮　　编　530028
网　　址　http://www.gxpph.cn
经　　销　全国新华书店
印　　刷　广西大一迪美印刷有限公司
开　　本　710mm×1010mm　1/16
印　　张　13
字　　数　170千字
版　　次　2013年8月　第1版
印　　次　2013年8月　第1次印刷
书　　号　ISBN 978-7-219-08416-8/B·177
定　　价　25.00元

前言

禅，到底是什么呢？佛陀曰：“不可说，不可说。”一直以来，禅学以中国文化的精髓为基础，以佛家感悟人生的智慧为核心，成为人们生活和工作的一门艺术。

禅学结合了儒释道的精神，可以说是中国佛教文化思想的重心，也与中国哲学结合很深。

“生活是禅，人生也是禅。”如果我们能够参透其中的道理和真谛，那么我们的人生就是一幅如诗如画的画卷。

现如今，禅学已经被越来越多地用到了领导管理层面，而且，禅学的思想也备受领导者的推崇和青睐。

领导，是每个企业和单位生存和发展的永恒话题。而且，任何一个企业和单位也离不开一些基本的领导思想和领导理念，这些就好像是树之根，水之源，领导者想要提高自己的领导水平，就需要静下心来追求领导的本源。

其实，领导企业可以说是一门艺术，更是一种企业精神、一种企业文化。任何企业的发展在刚开始的时候靠产品，但是归根结底还是需要领导。而一个人的领导，就是心的领导。

从某种方面来讲，也是禅的领导。

特别是随着社会经济的迅速发展，很多企业的领导者在面对突如其来的变化时，一方面是沾沾自喜，另一方面又被经济浪潮弄得眼花缭乱。也正因为如此，现在大多数的领导者变得越来越盲从、浮躁，甚至急功近利。

我们纵观历史上的领导理念、领导方式，就好像是流行歌曲一样，各领风骚没几年。但是，在今天这种时代背景下，从事管理的领导者，如果能够从禅学的角度，禅学的高度，禅学的思想来进行管理，并且在领导过程中结合现实情况不断摸索和改进，那么必将体会到领导的真谛。

在本书中，没有深奥的理论，也没有晦涩难懂的言语。只是从一个个经典的禅学小故事入手，辅以简单通俗、耐人寻味的禅语，并且结合了现代的领导方式和领导理念，从多个角度入手，给予现代领导者一首静心曲，让我们找到成功的方向，体会人生的真谛。

愿每一位现代领导者都能够从一个个经典的禅学故事，一句句开悟心灵的话语当中，体会到禅学的领导精髓，而且运用到实际的领导工作中去，让自己的内心变得平静、愉悦、幸福，从而获得心灵上的宁静与思想上的升华。

目 录

第二章　慈行普度众生
——懂得与上下级和谐相处 / 25

第三章　禅的本意就是静静思考
——培养领导者的处事能力 / 55

第六章　不辞小水，方成海洋

第七章　事无完善，但能完成

第一章

说佛一字立扫禅堂三天

——注重提升自身修养

本来无一物，何处惹尘埃

【佛言今释】

这是慧能法师写的偈中的一句话，这首偈的完整内容是："菩提本无树，明镜亦非台。本来无一物，何处惹尘埃。""本来无一物，何处惹尘埃"的意思是说世界的本质就是"空"的，看世间万物无不是一个"空"字，心本来也是"空"的，这样想就无所谓抗拒外面的诱惑，因为任何事物从心而过，都会不留痕迹。这是禅宗的一种很高的境界，领略到这层境界的人，就是所谓的开悟了。

【品读故事】

在古代，有一个信徒，有一天他问禅师："禅师，为什么您要叫'一休'呢?"

禅师回答说："一休万事休，这有什么不好吗?"信徒听了禅师的回答觉得很有道理。但是就在这个时候，禅师话语一转，说道："其实一休不好，二休才好。"

信徒感到很奇怪，于是问道："二休为什么比一休要好呢?"

"生要休，死也要休，生死一休才能了脱生死。所以，烦恼也要休，涅槃也要休，两者要一起休啊!"

信徒听了也觉得很有道理，就说道："不错，看来二休是比一休要好许多。"

可是禅师却又说："三休更好。"

信徒这下子又百思不得其解了，禅师解释说："你看你，你每天会和你的老婆吵架，她就像一只母老虎，所以最好休妻；做官时时刻刻都要学会奉承，这样身心都会感到很累，所以你也应该休官；为人处世之间也会出现争议，所以也要休争。如果你能做到这休妻、休官、休争，你就会成为一个快乐无忧的人。”

信徒听后觉得有道理，连忙点头说：“三休真好啊。”

禅师又说道：“哈哈，四休才好。”

信徒这回真的不知道几休才算好了，于是虚心地请教禅师。

禅师只用了简单的一句话：“酒、色、财、气四种一起休才是最好的。”

信徒一听，又认为四休最好。

想不到禅师又发话了：“四休其实不够，五休才好。什么是五休呢？就是人生最痛苦的便在于我们拥有五脏庙。这个肚子要吃饭，才会有种种的痛苦。如果将这个五脏庙‘一休’，所有的事情就没有了。”

信徒听后顿时有一种大彻大悟的感觉。

【滴水禅思】

作为领导者，我们不应该过分地去追求名利，千休与万休，还不如一休，一休万事休，在复杂的官场、职场中，我们需要找到一份净土和心灵的田园，让我们的心灵能够在追名逐利之外得到放松，其实作为领导者真正能够得到下属、民众的认可，才是最大的成就，心灵也才会得到真正的净化。

护法韦陀

【佛言今释】

妙高禅师是一位苦心修行的高僧，曾经两次坠入悬崖而获救。其实这就是告诉我们，在工作当中，不要去考虑太多，只需要踏踏实实地工作，脚踏实地地前行，即使遇到困难，也一定会得到贵人的相助。

【品读故事】

相传浙江奉化雪宝寺的开山祖师妙高禅师曾经在妙高台上靠着山的一边用功修行，日夜不息。但是因为精力有限，他经常会打瞌睡。为了让自己不再瞌睡，于是他就移到临崖的一边打坐。

有一次，妙高禅师实在忍不住了，又开始打瞌睡，结果身体一歪，下面就是几十丈的悬崖山涧，一头栽下去了，可以说马上就没命了。而妙高禅师也以为这一次自己一定没命了，可是没有想到掉到半山的时候，他忽然觉得有人托着他回到了山崖上。他非常惊讶地问道："到底是谁救了我?"

空中回答："护法韦陀!"

妙高禅师心中想到：一定是我的刻苦感动了慈悲善心的菩萨，于是就开始趾高气扬地问道："像我这样的精进修行的人，在这个世界上还能有几个人呢?"

空中答道："像你这样修行的人，如河里的泥沙一样，无数。当你起了一念傲慢之心，我二十世都不会再为你护法了!"

妙高禅师听完之后，痛哭流涕，心中惭愧万分。在此之后，他又开始左思右想，最后自己想开了。妙高禅师自言自语地道："唉！管他给不给我护法，我还是依旧会在这里进行修行，如果真的修不成，那么不就是一头栽下去，死了而已吗!"

这样想之后，妙高禅师依旧坐在了台上临崖的一边进行修行。到了中午，骄阳似火，妙高禅师忍不住又开始打起了瞌睡，结果一下子又栽了下去。这一次，他真的认为自己没命了，可是就在快要坠落到崖底的时候，竟然又有人用双手接着他，把他送到了台上。

妙高禅师又问道："是谁救了我?"

空中答道："护法韦陀!"

"你不是说二十世都不会来给我护法了吗？你怎么又来了?"妙高禅

师问道。

韦陀菩萨说：“法师，因为你刚刚一念惭愧心起，这远远超过了二十世之久。”

【滴水禅思】

作为领导者，当获得成功的时候，真正能够做到不骄傲的又有几人呢？最后发现自己骄傲是错误的，并且及时改正的又能有几人呢？优秀的领导者，一定要懂得谦虚谨慎，不骄不躁，能够正确对待工作当中的得与失，轻与重，脚踏实地地走好工作的每一步。

修行要靠自己

【佛言今释】

沉默并不是没有力量，沉默也并不是不说话，有的时候，沉默就是一种强有力的行为，更是一种隐藏的力量。为人低调，踏实做事，这才是做人做事的大智慧。在世间，我们每个人有每个人的生活方式，万万不可把自己的意识强加给别人，正所谓“己所不欲，勿施于人”。

【品读故事】

曾会学士和雪窦禅师、珊禅师都是非常要好的朋友，雪窦禅师与珊禅师虽然二人同为禅师，但是互相并不认识。但是，珊禅师的修行和道行又要稍微高于雪窦禅师。

有一次，曾会学士外出，偶然遇到了雪窦禅师，于是二人聊了起来。在言语之间，曾会学士知道了雪窦禅师打算去灵隐寺拜师珊禅师的门下，于是就主动为雪窦禅师写了一封介绍信，让珊禅师看见这封信后好好照顾雪窦禅师，而雪窦禅师也是欣然接受。就这样，两人互相道一声珍重之后就各自上路了。

时间飞逝，三年的时间很快过去了，曾会学士因为公事来到了灵隐寺，见到了珊禅师，两人真是一见如故。叙旧之际，曾会学士想起了他介绍来的雪窦禅师，但是在众多和尚中并没有见到他，于是非常关切地问道："对了，雪窦禅师现在怎么样了？"

"你会不会搞错了，我们寺院里面没有这个人啊！"

曾会学士听完之后非常吃惊，说道："不会啊，我还给雪窦禅师写了封介绍信，不会他在来灵隐寺的路上遇到了意外吧。"

说完这句话，两人心中更是着急，于是派人在寺院之中仔细寻找，最后在一间不起眼的偏房当中找到了雪窦禅师，他正在闭门坐禅。

在曾会学士的呼唤下，雪窦禅师才慢慢睁开了双眼。两人见面当然是喜出望外，珊禅师命人准备了丰富的斋饭。大家依序落座之后，曾会学士问道："雪窦禅师，这么多年了，你为什么不把我写的信拿给珊禅师看，难道你把那封信给遗失了？"

只见雪窦禅师慢慢地从衣袖当中取出尚没有拆封的信还给了曾会学士，说道："我本来只是一个云游的和尚，没有什么渴求，而且修行这件事情必须依靠自己，大家都是在珊禅师这里修行，介绍和不介绍有什么区别吗？我如果把信件给珊禅师，反而会给修行蒙上一层俗念。"

雪窦禅师的一席话，说得有人惭愧，有人佩服。

【滴水禅思】

很多领导总是希望自己能够在大家面前有所表现，生怕自己会失去表现的机会。结果就抓住一切机会表现自己，突出自己，甚至在有的时候不惜劳心劳力，想尽各种办法，使用各种手段，可是到最后却总是让人异常反感，甚至可以说是得不偿失。

把心拿来，我为你安心

【佛言今释】

这句话是慧可禅师当年请达摩祖师开示佛法时，达摩祖师说出的一句话。主要是告诉慧可禅师：心安，方可学佛；心安，方可开悟；心安，方可破除贪嗔痴。

【品读故事】

佛教第二十八祖达摩祖师曾经在梁武帝时来到中国，成为中国禅宗的初祖。由于达摩祖师和梁武帝的思想有一定的分歧，所以最后到河南的嵩山少室峰去面壁修行，在那里一待就是九年。这其间，曾经有一位叫做慧可的青年来找达摩祖师，向他学习佛法。

时值严冬，大雪纷飞，慧可站在达摩祖师的座前，时间一长，白雪淹没了他的膝盖。但是达摩祖师还是闭目不语，慧可也没有失去耐心，依旧等待着。就这样又过了很长时间，达摩祖师终于睁开了眼睛，问道："你站在这里做什么？"

慧可很谦卑地回答道："弟子想来求祖师开示佛法。"

达摩祖师听完之后就回答说："诸佛求道，为法忘躯，你用怠慢的心怎么可能求得无上的大法呢？"

慧可听完这句话，就用身边的戒刀把自己的一只手臂砍断，之后把断臂呈献给了达摩祖师，说："弟子以此诚心来乞求祖师的开示。"

达摩祖师知道慧可确实是一个可造之材，于是便说："你断臂求道究竟是求什么道？"

慧可禅师这个时候回答说："弟子的心不安，请求祖师为我安心。"达摩祖师听完之后大喝一声："把心拿来，我为你安心。"

慧可一听立即愕然，忙说："弟子找不到心。"

达摩祖师则微笑着说："你的心我早已经给你安好了！"慧可禅师至此终于大彻大悟了。

【滴水禅思】

现如今，很多领导者在做工作的时候充满了浮躁的心理，过于务虚，眼高手低，自己当下的工作还没有做好，就去想着做其他工作，这样必然导致任何一项工作都不能完成。想要成为一名优秀的领导者，心中要有原则和规划，要先安放好自己的内心，不要轻易受到外界因素的打扰，坚持走自己的领导道路。

什么是佛法大意

【佛言今释】

一个人想要成就一番事业，想要获得幸福，就必须要有"拿得起，放得下"的气魄。当然，这句话说起来容易，做起来并不容易。但是只要我们抱有一颗平常心，把名利看得淡一些，不自寻烦恼，那么幸福和快乐自然就会来到我们的身边。

【品读故事】

当我们一走进寺院，总是能看见胖乎乎，笑眯眯的弥勒佛正在袒露着大肚皮迎接着我们每一个人。弥勒佛那种无忧无虑、风趣可爱的面容，总是会引来我们的会心一笑，心中的烦恼也不翼而飞了。

五代时期有一个大禅师，人称布袋和尚，传说他是弥勒佛的化身。

布袋和尚的本名叫契比，号长汀子，不知道他来自哪里，也不知道他打算去什么地方，但是他总是腆着自己的大肚皮，在禅杖上面还挑着一只大布袋，经常在大街上游走。布袋和尚出人意料的举动，幽默滑稽的行为，总是会让人们捧腹大笑。

因此，人们经常会看见一大群人跟在他的后面起哄、玩闹。但是他根本不在意这些，想坐就坐，想躺就躺。饿了就会向别人化缘，之后把化缘的东西装到自己的大布袋当中。

当时人们都没有注意布袋和尚的大布袋，原来这个神奇的布袋无所不能，无所不包，总是装不满，也掏不完。布袋和尚挑着的好像是一只乾坤袋，森罗万象，日月星辰也好像尽在其中。

有一天，有一位云游的禅师正在街道上行走，布袋和尚追了上去，在他的背后拍了下。禅师回头一看，以为布袋和尚想要问自己事情。可是布袋和尚却伸出了手，大言不惭地说："你给我一文钱。"

这个禅师也是修习了多年的和尚，他从布袋和尚这句莫名其妙的话中体会到了非常深刻的禅机，于是说道："你说得好，我立即给你钱。"

布袋和尚立即放下了布袋，叉腰而立。禅师见状，深深地礼拜了下去。

正所谓放下布袋，何其自在。

到了后来，非常有名的保福禅师听说了布袋和尚的事情，专门从很远的地方赶来考验他，问道："什么是佛法大意?"

布袋和尚依旧放下了布袋。保福禅师见状追问道："难道就仅仅如此吗？没有其他了吗?"

听完这句话，布袋和尚拿起了布袋，挑在了禅杖上面，扬长而去。

正所谓放得下，拿得起，才是真正的解脱。

【滴水禅思】

"放得下，拿得起"这不仅仅是一种智慧，更是一种伟大的气魄。现实中，不知道多少人因为放不下，拿不起，永远无法站起来，一直消沉下去。这其实是我们的虚荣心在作怪。特别是在当了领导之后，很多人渐渐习惯了使用权力，习惯了追逐名利，想让其放下真的成为一件难事，最后被名利、权力束缚了一生。

身体便是庙，两耳就是菩提

【佛言今释】

我们每个人的身体就好像是一座庙宇，在一呼一吸之间都存在着禅意。在我们的生命当中，缺少的不是美丽的风景，而是一双能够发现美丽风景的眼睛。世间的一切学问、智慧、事物，其实都可以让你所悟，正所谓在看花中能悟道，在风景中也能悟道。

【品读故事】

无德禅师有一次刚好从法堂里面走出来，恰好看见一位非常漂亮的女施主手中捧着一束鲜花，非常虔诚地走进了法堂中，无德禅师对她点了点头。

女施主也向无德禅师还礼，说道："禅师，您看今天天气多好啊，这是我刚刚从家中院子里采摘的鲜花，您看这鲜花开放得多么好啊！"

无德禅师回答说："是啊，多么美丽的鲜花啊！施主每天都虔诚地用鲜花来礼佛，你一定会得到福报的。"

女施主听到无德禅师的夸奖，心中自然高兴，说道："谢谢大师的夸奖，其实这些都是信徒应该做的，每一次当我走进法堂的时候，我心中所有的烦恼和杂念都会烟消云散，内心更是无比的清静，但是一旦回到家中，各种烦心事，各种烦恼又会浮上心头，大师，您说我应该如何做才能够彻底消除心中的魔障呢？"

无德禅师听完女施主的询问并没有及时回答，而是反问道："女施主，既然你每天都来寺里用鲜花礼佛，那么我请问你，你是如何保持鲜花的新鲜的呢?"

女施主回答说："每一次我都会把采摘下来的花朵浸泡在清水当中，而且会及时为花朵换水，在换水的同时，我还会剪掉一部分花梗，因为花梗浸泡在水中是非常容易腐烂的，只有把腐烂的花梗剪掉，才能够让花继续吸收充足的水分和营养。"

无德禅师听完女施主的回答随即说道："女施主，你让花朵保持新鲜的方法和我们让自己心灵保持健康的方式不是一样的吗？我们的内心就好像是那鲜花，而我们生活的环境就好像是放花的花瓶。我们只有不断地净化自己，让自己时时懂得反思，修正，只有这样我们才能够获得人生的真正快乐。"

女施主听完无德禅师的话语之后，似懂非懂地向无德禅师恳求道："大师，我希望能够在这寺院里小住一段时间，这样既可以向您多多请教禅学知识，又可以享受这寺院当中的清净，修身，礼佛。"

无德禅师说道："女施主，你的呼吸就是梵唱，你脉搏的跳动就是钟鼓，而你的身体就是庙宇，你的两耳就是菩提，无处不是清静，又何必非要到寺院中生活呢!"

【滴水禅思】

作为领导者，一定要时不时地反观自己，修正和调整自己的状态。千万不要走上名利的迷途。其实，工作也是一种修行，虽然在你的周围，可能大家都在为名利拼搏，但是只要你自己做到了内心的纯洁，那么你最终一定会成为一名出色的领导，一名受到下属热爱和尊敬的领导。

什么是够了呢

【佛言今释】

一个人学到一点儿东西，取得一点儿成绩就开始骄傲自大，这不仅是可笑的，更是可悲的。拥有一颗谦虚的心，才能够放下更多东西，我们的人生也才能够日积月累地不断上升，因此，在这个世界上，只有谦虚谨慎的人才能够成为真正的智慧之人。

【品读故事】

从前，有一个学僧在无德禅师的座下学禅。刚开始的时候，他非常的专心，并且学到了不少的东西。可是一年之后，他开始骄傲起来，以为自己已经学到了不少东西，就想要下山去云游四方了。这一想法一旦出现，这个学僧每天可以说是度日如年，无德禅师讲课的时候也听不进去了，就想着什么时候早日下山。甚至有几次无德禅师问话，他都表现出了极其不耐烦的样子，所有的这一切，无德禅师都看在眼里。

这一天，无德禅师把他叫到自己的禅房，想要问清楚原因，于是问道："徒弟，这些日子你听我讲法的时候经常三心二意，不知道是什么原因啊?"

学僧见无德禅师已经看出了自己的心思，于是也不再隐瞒，对禅师说道："师父，我觉得我这一年来已经学到了很多东西，我现在想去四方云游，想去外面参禅修道。"

无德禅师听完之后问道："什么是够了呢?"

"够了就是装满了，再也装不下了。"学僧非常认真地说道。

这个时候，只见无德禅师从身边找来了一个大木盆，在木盆中装满了鹅卵石，然后对学僧说道："徒弟，你看一看，这盆装满了吗?"

"满了。"学僧毫不犹豫地回答道。

这个时候，无德禅师又抓了好几把沙子撒入到盆里面，只见沙子全都漏了下去。

"满了没有?"无德禅师再一次问道。

"这次满了!"学僧很有信心地回答道。

只见无德禅师又抓起了一把石灰，撒到盆里面，石灰又落到石头之间的缝隙里面不见了。

"现在满了吗?"

此时学僧心中已经没有了底，于是小声说道："好像满了。"

无德禅师微微笑着，又把一杯水倒了进去，水消失不见了。

"现在满了吗?"无德禅师又问道。

这一次，学僧并没有回答，而是略有所思地想了想，说道："师父，弟子终于明白了。"

【滴水禅思】

有一些领导者，刚刚取得了一点儿成绩就开始骄傲自满，做事情变得浮躁，这种心态是不对的。作为领导者，应时时刻刻谦虚谨慎，不骄不躁，踏踏实实地工作，只有这样才能够取得更大的成绩。

超越一切世俗观念，舍弃一切尘想与贪欲

【佛言今释】

人的一生，其实就是在和两种人相处，一种是他人，一种是自己。人生本来就是一个浑然的圆，所以，不管是和自己相处，还是和别人相处，都应该以自觉、自度为圆心，能够以慈悲和利他为半径，而这样画

出来的就是圆满的人生。

【品读故事】

有一天，神会禅师前去拜访六祖慧能，六祖问他："你从哪里来？"

神会回答说："没从哪里来！"

六祖慧能继续问道："为什么不回去？"

神会回答说："没有来，又说什么回去呢！"

六祖慧能继续问道："你把生命带来了吗？"

神会回答说："带来了。"

六祖慧能再一次问道："既然有生命，那么你应该知道自己生命中的真相了吧？"

神会回答说："只有肉身来来去去，没有灵魂往往返返。"

这句话说完，六祖慧能起身拿着禅杖打了神会一下。

没想到神会也不躲闪，只是高声问道："和尚坐禅的时候，是看见还是看不见啊？"

六祖慧能又拿着禅杖打了神会三下，之后才说道："我打你，你是疼还是不疼呢？"

神会回答说："感觉痛，又不痛。"

六祖慧能问道："痛或者不痛有什么意义吗？"

神会回答说："只有俗人才会因为疼痛而产生怨恨之心，木头和石头是不会感到疼痛的。"

六祖慧能说道："就这对了。生命是需要超越一切世俗观念，舍弃一切尘想与贪欲的。见或者不见，又有什么关系呢？痛与不痛，又怎么样呢？没有办法摆脱身躯的束缚，还说什么生命本源。"

紧接着，六祖慧能继续说道："问路的人都是因为不知道去路，如果知道路的话，他还用问吗？你的生命本源其实只有你自己能够看到，但是你现在迷失了，看不见了，所以你才来问我看见没有。生命需要自己去把握，何必问我看见或者看不见呢?”

神会听完之后，双手合十，默默不语。

【滴水禅思】

领导者需要一面镜子，而且能够时时刻刻通过自身的表现来进行反省，并且不断加强对自己的认识，提高自己的综合素质。但是在实际工作中，很多领导者经常是看清了他人，却看不清自己，正所谓“不识庐山真面目，只缘身在此山中。”

八风吹不动

【佛言今释】

正所谓“心动则生杂念”，一旦人有了杂念，是很难让我们认清自己的。如果我们不能认清自己，那么我们的心灵就被蒙上了一层尘雾，无法看到自己的内心。我们就会变得不安分，开始妄想。只有拥有了一颗不妄动的心，不出现非分之想，我们才能够做到安稳如山，自在如风。

【品读故事】

伟大的诗人苏东坡在被贬到江北瓜洲的时候，与金山寺的和尚佛印禅师关系很好，两个人经常在一起参禅论道。

有一天，苏东坡一时兴起作了一首五言诗：“稽首天中天，毫光照大千；八风吹不动，端坐紫金莲。”作完这首诗之后，苏东坡还反复吟咏了几遍，觉得自己写的这首诗意义深刻，而且颇得禅家的智慧大成。

苏东坡心想，佛印禅师看见了这首诗之后一定会大加赞赏，于是就打算把这首诗交给佛印禅师。但是由于当时苏东坡公务繁忙，没有办法，他就派了自己手下的一个小书童把这首诗交给佛印禅师。

当小书童说明了来意之后，就把书稿交给了佛印禅师，佛印禅师看完书稿之后，微微地笑了笑，提起笔就在书稿后面写上了几个字，让小书童带回给苏东坡。

苏东坡得知佛印禅师回复了，于是得意洋洋地打开信，一看之下，先是惊讶，后是愤怒。原来，佛印禅师在书稿的后面写上了“狗屁”二字。

苏东坡虽然非常生气，但是心中还是不解为什么佛印禅师如此评价。他越想越烦恼，索性放下了手头的工作，命令小书童准备去找佛印禅师。

哪里想到，苏东坡刚刚乘船上岸，佛印禅师早就等候在了岸边。苏东坡一见到佛印禅师就有些生气地说道：“和尚，咱们二人关系如此之好，你为什么要这般侮辱我？”

佛印禅师听完苏东坡的质问，笑嘻嘻地问道：“苏兄，此话怎讲啊，我怎么敢侮辱你呢？”

此时苏东坡把书稿拿了出来，指着背面的“狗屁”二字对佛印禅师说，“你看看，这难道还不是侮辱我吗？”

佛印禅师看完了书稿说道：“苏兄不是自称‘八风吹不动’吗，怎么一个‘屁’字就让你过江来找我？”

这个时候，苏东坡明白了佛印禅师的意思，一脸的羞愧，不知道如何回答了。

【滴水禅思】

想要成为一名优秀的领导者，那么心中一定要有明确的目标，而且要坚定自己的信念。领导者最怕的就是糖衣炮弹的攻击，我们唯有建立一颗坚不可摧的强大内心，才能够在生活和工作中做到不迷失，才能够真正地完成领导者的使命。

平常心是道

【佛言今释】

在世间，时时处处彰显大道。就连最平常的工作，也蕴含着纯真的意趣，我们需要的是一颗平常心，来获得内心的安静，而这就是禅心。

工作做得自在，就能够入佛入禅，但是如果我们对任何事情都斤斤计较、牵肠挂肚，到头来工作自然不顺利，不顺心。

【品读故事】

有一年的夏天，仰山禅师离开了自己的师父沩山禅师下山去了，夏天过后，仰山禅师又重新回到了山上。

沩山禅师看见仰山禅师还想着回来看望自己，心中非常高兴，关切地问自己的弟子："你这个夏天过得怎么样？还好吧？都做了些什么？"

仰山禅师异常兴奋地说道："师父，我这个夏季过得非常愉快，我在山下开垦了一块田地，现在已经播撒了种子，就等着秋季收获果实了。"

沩山禅师听完弟子的话之后，很是满意地点了点头，说道："很不错啊，仰山，看来你这个夏季没有白过。"

于是仰山禅师也问道："师父，您这个夏天是怎么度过的呢？"

沩山禅师笑着回答说："我这个夏天可是什么事情都没有做啊，每天就是按时吃饭、按时睡觉。"

当仰山禅师听完师父的回答之后，也是笑着说："师父，您的这个夏天也和我一样啊，没有白过。”

沩山禅师听完之后，哈哈笑了起来。

就在两个人谈笑之间，有几个学僧因仰慕沩山禅师的盛名，不远万里赶来请教。

第一个学僧问道：“弟子刚刚进入禅门，希望沩山大师多多指教。”

但是沩山禅师并没有回答，而是反问道：“你们这么远赶过来，我们寺院给你们准备的粥都吃了吗？”

学僧回答说：“谢谢禅师的关心，我们已经吃过了。”

于是沩山禅师对第一个学僧说道：“很好，那你就去洗碗吧。”

这个时候，第二个学僧走上前问道：“久闻沩山禅师的大名，请您多多指教。”

沩山禅师问道：“你来到这里有多长时间了？”

学僧回答说：“我今天才刚刚到。”

沩山禅师说道：“我们寺院里面给你准备的茶喝了吗？”

学僧回答说：“多谢禅师，弟子已经喝过茶了。”

沩山禅师说道：“那很好，你就去堂中报到吧！”

就这样，沩山禅师把两个远道而来的学僧给打发走了，仰山禅师非常不解地问道：“师父，弟子已经在这里待了十多年，可是一直没有等到您对我的指导。按照这样看，估计一辈子也等不到了，我看我还是下山去耕种我的那块田地吧。”

沩山禅师听完仰山禅师的话异常吃惊，说道：“你怎么会觉得我没有教导你呢？你每天递送茶水给我喝；每天端饭给我吃；你合掌礼拜，我低眉领受。我哪一处没有教导你呢？”

这个时候仰山禅师恍然大悟，原来师父每天都在教导自己。

记得当时仰山禅师第一次见到沩山禅师的时候就问道：“什么是道？”

沩山禅师说道：“平常心是道。”

【滴水禅思】

作为领导者，有的事情需要斤斤计较，但是对于一些事情则需要宽容大度，千万不要什么事情都是死抓着不放，这对于领导工作是没有任何帮助的。领导，一是领，二是导。而“导”就是引导、指导，因此，在很多时候，领导者应该以引导的方式去做事情，宽中有紧，粗中有细。

孔雀虽有七色身，不如鸿鹄能高飞

【佛言今释】

大千万物，很多都是生不带来，死不带去的身外之物，如果我们想要依靠身外物获得一生的快乐显然是不现实的。其实，真正的宝藏就在我们的心中，只要我们用心去观察，去发现，那么就一定会找出珍贵的财富。

【品读故事】

很久以前，在大雁山有一位佛光禅师，他在此处已经修行禅道多年了。佛光禅师非常擅于禅法，他在讲禅法的时候总是可以把生活当中的一些事例与深奥的法理结合起来，然后再用非常简单的诗偈表达出来。

有一天，有一名信徒从很远的地方赶来向他请教，问道：“大师，我曾经听说供养百千诸佛还不如供养一无心道人。我不能理解百千诸佛有什么过失，而无心道人又有什么德行，为什么要这么说呢?”

只见佛光禅师用诗偈回答说：“一片白云横谷口，几多归鸟尽迷途。”

佛光禅师接着解释道："仅仅是因为天空多了一片白云，归巢的鸟儿就连自己回家的路都找不到了。因为供养诸佛，所以我们的心思全部都在佛上面，反而就容易导致自己的迷失；但是供养无心道人，却可以用无心无念而超越一切。百千诸佛固然是没有错的，可是更难能可贵的是无心道人可以经常清醒地认识自己。"

信徒又问道："既然寺院都是清净之地，我们为什么每天还要在这里敲打木鱼和皮鼓呢？"

佛光禅师听完之后依旧用诗偈来回答他："直须打出青霄外，免见龙门点头人。"清净的寺院之所以要敲打木鱼和皮鼓，当然是有更深一层的讲究了。

鱼在水中游的时候是从来不会闭着眼睛的，所以敲打木鱼就是为了告诉大家每天都要勤奋修炼，永远不能够倦怠；而打鼓更是为了更好地警示世人，也可以用来消灾增福。

听完佛光禅师的回答以后，信徒又问道："在家也是可以学习佛道的，为什么还要出家，并且还必须穿上僧服呢？"

佛光禅师继续用诗偈来回答，吟道："孔雀虽有七色身，不如鸿鹄能高飞。"在家修行当然非常好，但是却不如出家修行这么专心致志，你看看孔雀翅膀的颜色虽然艳丽，但是它却永远不可能成为翱翔万里的鸿鹄。

信徒听完佛光禅师的话后，顿时悟出了其中的道理。

【滴水禅思】

在领导者周围，可以说是充满了各种诱惑和陷阱，这就要求领导者一定要用心来把握住自己的前进方向，千万不要被一些所谓的表面名利、诱惑所迷惑，到头来毁掉了自己的前途。

满足就是藏在付出的怀抱里

【佛言今释】

很多时候，我们总是习惯了获得，习惯了从获得中去体验成功的喜悦和收获的乐趣。但是，我们却往往忽视了付出带来的美好。其实，当你为他人提供帮助时，你就是在帮助自己。在这一过程中，你会觉得自己与别人、与这个社会万物有一种相互依存的感觉，此时，你才能够获得真正的满足和心安。

【品读故事】

曾经有一个男子坐在一堆金子上面，他伸出了两只手，向过路的人乞讨。而就在这个时候，佛陀走了过来，男子也把自己的双手伸到了他的面前。

佛陀问道："孩子，你现在已经拥有了这么多的金子，难道你还要乞求别的什么吗？"

只见这个男子叹了一口气说道："唉，虽然我已经拥有了这么多的金子，但是我还是不满足，我希望得到更多的金子，而且我还想要爱情、荣誉、成就。"

佛陀听完之后，从自己的口袋里掏出了他所想要的一切，都送给了他。

一个月之后，佛陀又一次从这里经过，恰巧又看见了这个男子坐在一堆金子上面对路人进行乞讨。

佛陀这个时候问道："孩子，你所要求的东西都已经有了，你为什么还不满足呢？"

男子说道："唉，虽然我已经得到了很多东西，但是我还不能够满足，因为我还需要更多的快乐。”

佛陀听完之后，又把快乐给了他。

时间又过去了一个月，佛陀再一次从这里经过，看见这个男子又坐在一堆金子上面，向路人伸着双手。

佛陀上前再一次问了他同样的问题，只听男子再一次说道：“我现在还是不能够感到满足，大师，我请求您把满足赐予我吧。”

佛陀这个时候笑着说道：“你需要满足吗？孩子，如果你真的希望满足，那么你从现在开始就学会付出吧。”

一个月之后佛陀又从这里经过，看见这个男子又在路边站着，他身边的金子已所剩无几了，他正把金子一点点地送给需要帮助的人。

男子把自己的金子给了那些衣食无着的穷人，又把爱情给了那些需要爱的人，把荣誉和成功给了那些曾经经受过很多失败的人，把快乐给了那些曾经出现过忧愁的人，现在的他已经不剩什么了。

当他看着人们接过自己送的东西，都心怀感激地离去时，男子笑了。

佛陀这个时候问道：“孩子，你现在感到满足了吗？”

“满足了，满足了。”男子高兴地说道：“原来，满足就藏在付出的怀抱里啊。当初我只想得到更多，以为只要得到我想要的东西，就能够得到满足，可是一直都没有如愿以偿，反而发现自己越来越不满足。而当我付出的时候，我为我自己人格的完美而感到自豪和满足，更为人们能够投来更多感激的目光而感到自豪和满足。我真的谢谢您，是您让我知道什么才是真正的满足，什么才是人生真正的收获。”

【滴水禅思】

有一些领导者一直无法获得成就感，当了多年的领导，到头来觉得自己还是一无所获。其实，出现这样的想法主要在于很多领导者想到的只是自己的收获，而没有想到付出，正所谓没有付出就没有回报，自然也无法获得领导的成就感。

过去之心不可得，未来之心不可得

【佛言今释】

很多人控制不住自己的情绪，所以永远都不可能成为情绪的主人。人生苦短，我们必须珍惜每一天，而我们也只有活在当下，拥有良好的情绪，才能够发现世界是多么的美好。

【品读故事】

很久以前，在一个小镇上有一座香火非常旺盛的寺院，很多人都会来这里进香拜佛。

有一天，有一个人去参佛的时候，想到每天这么多人参佛，佛祖一定非常劳累，如果有一天自己能够替佛祖住寺就好了。

佛祖发现这个人如此有慧根，于是就现身对这个人说道，你就来替我到寺院中的佛像里面住寺，但是有一个条件，不管遇到什么情况，你是绝对不能够讲话的。

第二天，寺院里来了一个非常富有的商人，当这位富人上完香，拜完佛之后，竟然忘记拿自己手边的钱袋就离去了。替佛祖住寺的这个人看见这个富人居然忘记了拿钱袋，非常着急，很想把这位富人叫回来，但是他必须听从佛祖的话，不能随意讲话。

等到富人走了之后，接着又来了一个三餐吃不饱的穷人，他希望佛祖能够帮助自己渡过难关。当这个穷人准备离去的时候，发现了前面那位富人遗落下来的钱袋子，打开一看，里面全都是银子。穷人自然高兴得不得了，认为佛祖显灵了，于是叩拜佛祖之后离开了。

替佛祖住寺的这个人把这一切都看在眼里，他非常想告诉那个穷人，这个钱袋子并不是自己给他的，但是由于他和佛祖之前有约定，不能开口讲话，所以他就憋着没有开口说话。

没过多长时间，又来了一名打算出海远行的年轻人，他是来乞求佛祖保佑他平安出海的。可是，正当他拜完佛准备离开的时候，富人想起了自己的钱袋子，于是返了回来，结果富人看见了年轻人，就跑了过来，认为这个年轻人拿了自己的钱袋子，二话不说就要动手打这个年轻人。由于年轻人根本就没有拿富人的钱，所以这两个人就吵了起来。

也就是在这个时候，替佛祖住持的这个人终于忍不住说话了，并且把事情的经过详细地告诉了这两个人。当他们明白了事情的经过之后，富人赶紧去找那个穷人，而那个年轻人也准备出海了。

当两个人走了之后，佛祖现身了，他指着这个替他住寺的人说："你下来吧！现在你已经没有资格坐那个位置了。"这个人听完佛祖的话以后感到非常的委屈，说道："我把事情真相说出来，这是在主持公道，难道有什么不对吗?"佛祖说道："你懂什么？那位富人其实根本就不缺钱，他那一袋子钱也是准备用来赌博的，可是这笔钱对于那个穷人来说，可以维持穷人一家几个月的生活；最为可怜的就是那个准备出海的年轻人了，如果他和富人一直纠缠下去的话，肯定会耽误他出海的时间，这样的话他也不至于死去，而现在，他出海的那艘船已经出事沉入了海中。"

【滴水禅思】

不管是领导，还是下属，我们都有经受考验的时候，特别是领导者，往往会经受更多的考验，但是，领导者在面对这些考验的时候，不应该抱怨，更不要放弃，要相信自己，控制好自己的情绪及应对考验的心态，从而选择适合的时机和方法战胜困难。

第二章

慈行普度众生

——懂得与上下级和谐相处

会占卜的人不给自己卜卦

重新认识自己的价值

没有错与对之分

让你吃饱饭

天上的明月会给你照路

对自己微笑，也对他人微笑

需要协调的生活层面很多

委婉是一道善意的门缝

月光乃我佛也

我为什么不试着去爱呢

天知地知，你知我知

切莫执着，不可犹豫，你自己勉励吧

水里和地上都做错了，才会两头倒霉

成人之美，容人之德

挑得更多，挑得更稳

会占卜的人不给自己卜卦

【佛言今释】

一直都有这样的传说，会占卜的人万万不可以给自己占卜，会看病的人万万不能够给自己看病，但是有位高僧则是犯了大忌。其实，这个世界没有什么是完美的，人无完人，何况佛也会犯错，关键是调整好自己的心态，坦诚地承认错误。

【品读故事】

在清朝同治年间，有一位有名的高僧。他对于算卜非常的精通，而且多次帮助人们排忧解难，受到当地人的尊敬和爱戴。

有一次，他闲来无事给自己算了一卦，结果从卦象上看把他自己给吓了一跳。原来，后天凌晨，启明星消失的时候也就是他的大限之时。

这位高僧知道了这一结果，内心非常的难受，但是从身体状态看一切都正常，没有丝毫的征兆。

但是高僧还是很平静地把这个消息告诉自己的弟子们，好把自己的衣钵传承下去。之后他又匆匆忙忙安排了后事，而且还做了一些简单的准备工作，就安静地等待着自己死期的来临。

当时方圆几公里的人听说了这一消息，都觉得非常惋惜，因为这是大家最为尊敬的高僧，算卦向来是非常准的，想必这一次也不会有什么差错，于是大家纷纷前来为高僧送行。

很快，大限之日到了，太阳爬出了地平线，启明星变得异常明亮。

这位高僧非常从容地登上了藏经阁，他打开了窗户，眼睛望着外面。在楼外面，人们都在默默地为他祈祷着。

渐渐地，朝霞开始一点点染红蔚蓝色的天空，但是禅师的呼吸依旧正常。这个时候，就连他自己也不知道灭顶之灾将会以什么样的方式降临到自己的头上。

这个时候，高僧并不觉得高兴，反而内心出现了一丝的困惑，甚至是一种微妙的担心，因为他想：如果真正到了那个时候，自己没有死去，这就说明自己的卦出现了问题，那么这等于是坏了自己多年来的名声。高僧这么想着，在心中也下定了决心。

时间一分一秒地流逝着，启明星也开始逐渐变暗，最后终于消失了，人们此刻开始欢呼起来，因为高僧依旧活着，大家都在祝贺高僧幸免于难。

但是，让大家万万没有想到的是，高僧这时从藏经阁上一跃而下，摔死了。

【滴水禅思】

领导者想要和下属处理好关系，不可缺少的就是要敢于承担责任，绝对不要为了面子，更不要通过职务之便把过错转嫁到下属身上，这些都是极其不明智的做法。领导也是普通人，也会犯错误，但是只要能够坦诚地承认错误，积极改正即可，没有必要用更大的错误去掩饰一个错误。

重新认识自己的价值

【佛言今释】

万事万物都有自己的价值，人更是如此。最关键的是要知道你的价值到底在什么地方，千万不要在“菜市场”想把自己卖一个好价钱，你应该走到“珠宝集市”上去，在那里让别人把你当成宝贝。

【品读故事】

在一座寺院里有两个和尚，一个是老和尚，他每天都在不停地念经参禅。而另外一个是小和尚，他每天所做的事情就是砍柴挑水。

结果有一天，小和尚终于忍受不住这样枯燥的生活了，他找到老和尚，说："师父，我成天到晚就是砍柴挑水，真的很枯燥，您是不是觉得我是一个没有用的人，才安排我做这些事情的。"

老和尚听了小和尚的话，看了看他，什么话也没有说，搬来了一块石头，对他说："这样吧，你今天把这块石头拿到小镇的集市上去卖，但是你要记住一点，不管别人出价多高，你都不能卖掉。"

小和尚答应了，但是他根本想不通，"师父不回答我的问题也就罢了，怎么还让我去卖石头啊，而且还不让我把这块石头卖掉。"

在集市上，从早晨到傍晚太阳落山，没有一个人来过问小和尚手上的石头。

就在小和尚准备回去的时候，一名妇女看到了小和尚手上的石头，问道："小和尚，这个石头你是要卖吗？"

小和尚说："是的。"

妇女说道："那这样吧，你看天色也不早了，我出五文钱买你的石头，我觉得这块石头样子还不错，我打算给我丈夫做镇纸用。"

小和尚听完之后非常高兴，心想一块破石头居然能够卖五文钱，但是无奈师父交代了给再多钱都不能卖。所以，小和尚只好说："对不起，不卖！不卖！"

"那我出六文钱！"妇女急着说。

"那也不卖。"小和尚再一次说道。

妇女没有办法，只有扫兴地回家了。

晚上，小和尚回到了寺院里。老和尚问道："石头卖得怎么样?"

小和尚带着几分遗憾说道："在我打算回寺院的时候，有一个妇女看上了这石头，打算出五文钱买，但是您说不让我卖，我只好不卖了。"

老和尚听完之后笑了笑说道："你明天继续去卖，依旧是谁买都不要卖。"

小和尚百思不得其解，"师父，您还让我去卖石头啊?"师父没有回答。小和尚见师父没有回答，也不好再问什么。

第二天一大早，小和尚就赶到了集市上。这一次，他遇到了一个懂得石头收藏艺术的人，这个人是一个老板，财大气粗，拿着小和尚的石头看了半天说："这样吧，我出五百两银子买你这块石头。"

小和尚听完之后吓了一跳，心想：一块石头居然能值五百两银子，这可比之前要涨了好多啊。

这老板很着急，说道："你就把石头卖给我吧，五百两银子你不会亏的，这样的价钱你很难找到其他买家了。"

其实小和尚早就心动了，但是没有办法，有师父的命令在，他不能够违抗，于是连忙说："不卖。不卖。"说完这句话之后，小和尚就抱起石头赶紧回到了寺院。

他见到师父，很是激动地说："师父，刚才有一个老板打算出五百两银子买咱们的石头。"

老和尚听完之后笑了笑，对小和尚说道："你明天接着去卖，这一次你到珠宝市场去卖，不管谁买还是不要卖。"

小和尚这次没有多问，记住了师父的话，第二天一大早就来到了珠宝市场。

没一会儿，就有一位珠宝店老板过来看石头，他端详了半天说道："小和尚，这块石头是你的吗?"

"不是我的，是我师父的。"小和尚说道。

"你的师父是不是一个老和尚?"

“是的，你怎么知道，莫非你们认识？”

珠宝店老板叹了口气说道：“是的，你师父终于愿意卖这块石头了。这样吧，我愿意把我的三家最好的珠宝店，还有两家当铺，以及一些田产全部拿出来买这块石头。”

小和尚听完被吓了一跳，问道：“这就是一块普通的石头，你为什么要出这么高的价钱来买呢？”

珠宝店老板告诉小和尚说：“你不要看它是一块普通的石头，其实，它的外表虽然长得和普通的石头一样，但是里面可是一块无价的宝玉啊！”

小和尚万万没有想到这块石头如此贵重，他连忙告辞，赶紧回到了寺院中。

他把在珠宝集市上遇到的事情告诉了老和尚，并且问道：“师父，您为什么让我拿着如此珍贵的一块石头随随便便的就下山呢？”

老和尚问道：“你想明白了吗？”

“我不明白。”小和尚低头小声回答。

老和尚听完又笑了，说道：“你好好想吧，如果想不明白你明天继续去卖石头吧！”

小和尚通过冥思苦想，最终开悟了。

【滴水禅思】

对于领导者而言，安排下属完成一项工作，如果发现他能力不行，先不要着急否定他，应该多去引导他，每个人都是有优点和缺点的，关键在于领导者如何激发这些人的优点，能够让其在工作岗位上发挥才能，因材施教，这样才能够让每一个团队成员发挥出自己的优势，让整个团队高效地运转起来。

没有错与对之分

【佛言今释】

事物的好与坏，善与恶，往往没有一定的标准，每个人有不同理解都是因思考的角度不同罢了。在通常情况下，我们没有必要强行用好与坏、是与非的标准去评价一件事情，因为我们心中也未必有正解。

【品读故事】

在一面墙上，有一只虫子正在艰难往上爬着。由于这个墙壁使用的是新涂料，所以非常光滑。这只虫子好不容易爬到了一大半，结果一不小心跌落了下来。

但是，没过一会儿，这只虫子又开始沿着墙根慢慢地朝上爬去。

第一个人观察这只虫子，非常感慨地说道："这样一只小小的虫子，如此的执着、顽强，可谓百折不回。而我每每遭遇到了一点儿挫折，就开始气馁、退缩、自暴自弃，难道我还不如这只虫子吗？"他觉得自己应该立即振作起来。

第二个人也注视了这只虫子很长时间，他非常感叹地说道："真是一只可怜的虫子，每天就知道这样盲目地爬行。什么时候才能够爬到墙顶呢，其实它只要稍微改变一下方位，转到三厘米之外的粗糙墙面上，那么爬上去就是非常容易的事了。这只虫子怎么就不知道好好反省一下自己呢，真是可悲啊！不过，我还是要感谢这只虫子，因为它告诉了我，千万不要闷着头去做一件事情，应该学会理智一些。"

有一个人询问智者："观察同样的一只虫子，为什么会得到两种截然相反的见解和判断呢？他们哪一个是对的？"

智者听完之后，回答说："没有错与对之分。"

问者更加困惑了，"怎么会没有对与错之分呢？一个褒扬，而另一个人贬抑。相互之间的对立如此鲜明，根本就没有什么共同性。"

智者微笑着说道："太阳在白天会放射出光明，而月亮到了晚上才会发出清辉。它们不也是相反的吗？那么你能不能告诉我，太阳和月亮到底谁是谁非呢？"

提问的人思考了半天，说道："如此说来的话，在这个世界上，事物并不是简单地依靠是与非而下定论的。我们每一个人的角度不同，得到的感觉和做出的判断自然就不可能一致，所以，获得的启示也是会存在一定差异的。是这么理解吗？"

智者听完之后肯定地点了点头。

【滴水禅思】

当你的观点和别人的观点存在分歧的时候，千万不要着急把自己的意志强加到别人的身上，应该试着站在别人的立场上，换一个角度去思考问题，这样可能会化解很多不必要的矛盾。其实，每一件事情都是多方面的，即使你是领导者，你也不可能一下子就看清楚所有事情的本原。

让你吃饱饭

【佛言今释】

不得不说，居士和高僧的一番对话，说出了真诚的实质。不管是做人，还是做事，都需要真诚。正所谓："参禅有趣，为明心见性；处世无奇，以率真为本。"只有人法双净，善恶两忘，才算得到了菩提道场。

【品读故事】

有一位高僧接待了一位来访的居士。这位居士不仅年轻，而且还博学，非常健谈；高僧有一种遇到知音的感觉，于是就和他从早晨一直聊到了中午。

到了中午时分，应该吃饭了，于是高僧就打算留下居士吃饭，并且让自己的徒弟上饭。结果徒弟端上来一大碗面放到了师父面前，而不好意思地对居士说道："实在对不起，没有大碗了，只好用小碗给您盛了。"

高僧看了一下面条，把大碗推到了居士的面前，说道："你吃大碗的。"徒弟看见了，还特意提醒了一句："那个是师父的碗。"但是居士好像没有听见他的话一样，一点儿也没有推让的意思，张口就吃。

高僧看见居士这样，不禁皱起了眉头，心里想到：本来以为他的慧根不浅，但是想不到一点儿都不懂得礼仪！

就这样，居士吃完饭之后，发现高僧面前的小碗里一根面条都没有动，于是就试着问高僧："师父为什么不吃啊？"

居士看见高僧一语不发，而且面露愠色，于是居士有点儿不好意思地说："我确实是饿了，只顾着自己狼吞虎咽，把师父给忘记了，但是，小碗根本是不够我吃的，如果我将大碗再推回到您的面前，那就不是我的本意了。请问师父，您推让给我的目的到底是什么呢？"

高僧回答说："让你吃饱饭。"

居士又说道："既然是您让我吃饭，我再推让给您，不就等于是违背了我的真心和您的诚意了吗？难道说您把大碗让给我不是真心的吗？如果您不是真心的，那您为什么还要这样去做呢？"

高僧听完了居士的话，非常满意，赞许地点了点头。

【滴水禅思】

思想家卢梭曾经说过："你要宣扬你的一切，不必用你的言语，要用你的本来面目。"作为一个领导者，一定要真诚地对待他人，如果领导者过分客气，则是虚伪的表现；只有坦率真诚，才是优秀领导者的宝贵品质。

天上的明月会给你照路

【佛言今释】

这位禅师说的这句话，等于是给一个人污垢过多的心灵送上了一轮明月，让明月照亮充满污垢的心灵。一个大肚能容，心胸豁达的人，不但自己的人生道路会越走越宽，而且也能够给别人照亮一条通途。

【品读故事】

曾经有一位住在山中茅屋里修行的禅师，有一天趁着夜色去林中散步，而就在皎洁的月光之下，他突然开悟了。

他非常高兴，当他满心欢喜地走回自己住处的时候，却发现在自己的茅屋旁边出现了一个人影，原来有一个年轻人正在鬼鬼祟祟地朝着屋里面东张西望。

禅师知道这个地方非常贫穷，而且多盗贼，于是他就站在原地没有动。而小偷则在禅师这样一个一贫如洗的屋子里面找了一个遍，也没有发现任何值钱的东西，自然是非常失望，于是他准备离开，可是在门口却遇到了禅师。

这吓了小偷一大跳，不知道该如何是好，而就在他进退两难的时候，禅师却非常平静地说道："你走了这么大老远的山路来探望我，我总不能让你空手而回吧。你看夜凉了，你把这件衣服带走吧！"

原来，禅师害怕惊动小偷，就一直站在门口等着。因为禅师知道，小偷一定找不到任何值钱的东西，于是早就把自己身上的外衣脱了下来，给了小偷。

这让小偷更加不知所措，于是低着头赶紧慌不择路地跑了。

禅师看着小偷逃离的背影，大声喊道："你慢点走，天上的明月会给你照路的。"

禅师望着小偷穿过明亮的月光，消失在了山林之中，这个时候不禁感慨道："真是可怜的孩子，但愿我也能够送一轮新的明月给他。"

第二天，当禅师在温暖的阳光下睁开眼睛的时候，他看见自己送给小偷的外衣非常整齐地叠好了放在自己的门口。禅师非常高兴地喃喃自语道："我终于送给了他一轮明月。"

【滴水禅思】

领导者在处理事情的时候，一定要大度，千万不要为了一点儿小事就斤斤计较，豁达的胸怀是优秀领导必备的一种素质。凡事斤斤计较的领导在处理上下级关系时会非常不顺利，上下级关系紧张，则很难开展工作。

对自己微笑，也对他人微笑

【佛言今释】

当与人相处的时候，善意的开始，必然会给我们带来和谐、快乐的结果。如果我们每个人都能够面带微笑，心存真诚，那么当大家见面的那一瞬间，必然会释放出友谊的信号，你的微笑，必定能够感染他人，影响他人，甚至是教育他人。

【品读故事】

有一个人，他觉得生活没有什么意思，于是整天叹气除了还是叹气，渐渐地，失去了生活的信念，萌发了自杀的想法。

有一天，他听说在远方的深山中住着一位禅师，道行很高，能够帮人答疑解惑，于是这个人跋山涉水来到了深山当中寻找禅师，希望能够得到禅师的开示。

年轻人问道："禅师，我到底应该怎么做，才能够早日摆脱现在的痛苦，能够每天都开心、快乐呢?"

禅师回答说："微笑，对自己微笑，也对别人微笑。"

年轻人又问道："我也想微笑，但是我没有微笑的理由啊。"

禅师解答说："第一次微笑是不需要任何理由的，你只要好好地向大家展示你美丽的笑容就好了。"

"那么第二次，第三次微笑呢，也不需要理由吗?"年轻人再一次问道。

禅师笑着回答说："第二次，第三次微笑也是不需要理由的，因为到了那个时候，理由会主动找到你。"

就这样，年轻人得到禅师的开示下山去了。

几个月之后，寺院来了一个快乐的年轻人，年轻人直接来到禅师的禅房，轻轻地敲了敲门，说："禅师，我回来了。"在年轻的人话语当中透着一种快乐的气息。

禅师听完之后并没有开门，而是在屋内问年轻人："你找到快乐的理由了吗?"

年轻人非常兴奋地说道："我找到了。"

"那么你是在哪里找到的?"禅师继续问道。

年轻人说："当我第一次向找我借东西的邻居微笑的时候，他同样给我报以微笑，那一刻我感觉天空是那么的蓝，阳光是那么的明媚。第二次，我走在路上，被过路人不小心冲撞了一下，我当时并没有愤怒，而是报以微笑，最后我得到的则是冲撞人的道歉和内疚，那一刻我感觉人世间是那么的美好。第三次是我在公园散步，看见一群孩子正在草地上玩耍，当我微笑的时候，可爱的孩子们居然拉我和他们一起做游戏，那一刻，我感觉自己的人生是那么快乐。从此之后，我不再吝啬我的微笑，我会把微笑送给每一个我遇到的人，而且在这个过程中，我也收获了很多微笑、赞美和尊重。"

听到这里，禅师打开房门，非常高兴地说道："年轻人，你终于找到了属于你自己的快乐，找到了微笑的理由。如果你是一颗微笑的种子，那么他人就是大地。"

【滴水禅思】

很多领导在与下属相处的时候，总是非常严肃，甚至时时板着面孔，这种与下属相处的态度显然是不妥的。领导与下属相处应该具有亲和力，不要显得过于生分，否则整个团队是很难拥有凝聚力的。特别是对于一些不擅言谈的领导者而言，不妨通过微笑的方式与下属进行沟通。

需要协调的生活层面很多

【佛言今释】

在与人相处的过程中，千万不要让一些小事影响到自己的心情。正如广圄禅师所说："需要协调的生活层面很多"，即使偶尔发生了争执，我们也应该及时进行化解，因为彼此之间的友好总要比彼此之间的仇恨好很多。而且，恶言相向不如善言相对，相信你的善言也会换来别人同样的态度。

【品读故事】

天刚刚亮，朱友峰居士就兴冲冲地抱着一束鲜花和水果，来到了大佛寺准备参加寺院的早课。

可是谁知道，当他刚刚踏进大殿，就从旁边跑出来一个人，结果这个人正好和朱友峰居士撞到了一块儿，而且还把朱友峰居士手中的鲜花和水果全部打翻在地。

朱友峰居士看见满地的花瓣和水果，忍不住大声叫道："你看，你怎么如此的莽撞，把我的鲜花和水果全都撞翻了，你说你怎么解释吧？"

原来，这个撞到朱友峰居士的人叫李南山。他见朱友峰居士的口气如此横，于是非常不满地说道："都已经撞翻了，我也说对不起了，你干什么还那么凶。"

朱友峰居士听完之后非常生气地说："你这是什么态度啊，撞了别人，还要怪别人。"就这样，两个人开始互相指责，而且声音越来越大。

正巧这个时候，广圄禅师从此处经过，于是就把这两个人带到了一边，问清楚事情原委之后，开示道："莽撞的行为肯定是不应该的，但是如果不愿意接受别人的道歉也是不对的。这两种行为都是非常愚蠢的，只有能够坦诚地承认自己的过失，并且能够及时接受别人的道歉，这才是真正的智者。"

广圄禅师紧接着说道："我们都活在这个世界上，那么就必须协调生活的方方面面，比如，在生活中如何与亲人、朋友建立良好的关系；在教育问题上，如何与孩子更好地沟通；在财务上，如何量入为出；在家庭当中，如何建立和谐幸福的家庭氛围；在精神方面，如何为自己选择一种舒适的生活方式，等等。只有当我们把各方面协调好了，才不会辜负我们难能可贵的生命。你们看看，就为了这一点儿小事，一大早就破坏了一天的心情，甚至是一个月的好心情，你们说值得吗？”

听完广囿禅师的话，李南山首先说道：“对不起，禅师，我错了。刚才我实在是太冒失了。”说完这句话，他便转身对朱友峰说道：“请你接受我真诚的道歉。”

朱友峰此时也早已醒悟，于是发自内心地说道：“对不起，我也有不对的地方。我不应该为了一点儿小事情就发脾气。”

就这样，广囿禅师的一番话就化解了二人的矛盾。

【滴水禅思】

工作中难免会因为某些事情与员工发生冲突，一旦发生了争执，切忌不要和下属一味地辩论争吵，而应该主动退让一步，体现领导者的博大胸怀，这样才有利于后续工作的开展。

委婉是一道善意的门缝

【佛言今释】

委婉，就好像一道善意的门缝，它给人们留下的是一点儿回旋的空间，而给自己留下的则是机遇的入口。在我们的一生当中，会遇到很多的机遇，但是，只有你懂得给这些机遇留一道门缝，它们才会主动来到你的身边。

【品读故事】

在很久以前，有一个国王，他有一个非常美丽的女儿，国王对她宠爱有加，只要是公主想要的东西，国王从来不会拒绝，都会满足。哪怕公主想要天上的星星，国王都恨不得为其摘下来。

在一个初春的午后，公主带着下人在宫廷的花园里玩耍，忽然，公主的目光被荷花池中的奇特现象吸引了。

原来荷花池中的热气经过蒸发，正冒出一颗颗状如琉璃珍珠的水泡，而且晶莹透亮，光彩夺目。公主看得入了神，心想：如果能够把这些晶莹透亮的水泡串成花环，戴在我头上，一定非常好看。

公主打定了主意，她回到了宫中，找到了自己的父王，并且把父王也拉到了荷花池边上，对着满池子闪闪发光的水泡说道："父王，我知道您是最爱我的，我要什么东西您都会满足我，现在我想要这满池子的水泡，我打算串成花环，戴在自己的头上。"

国王听完之后对女儿说道："傻孩子，水泡虽然非常好看，但是它是虚幻之物，怎么能够做成花环呢？父王给你去找一些珍珠吧，水晶和珍珠一定会比这水泡好看多了。"

可是公主就是不愿意，"不要，不要，我只要水泡做的花环，我不要什么珍珠水晶，如果您不给我，那我就不理您了。"

国王被公主弄得没有办法，只好把朝中的大臣都叫了过来，集合在花园之中，为难地说道："各位大臣，你们都是本王的左膀右臂，而且各个号称是本王的智者，现在本王遇到了难题，看看你们当中谁能够把这荷花池中的水泡捞上来，并且串成花环，如果谁能够完成，我定会重重奖赏。"

国王刚说完，就有大臣说道："禀告陛下，水泡触摸即破，怎么可能拿来做成花环呢？"所有的大臣都面面相觑，不知道应该如何应对。

国王看大臣们都没有办法，非常生气，说道："你们这些没用的家伙，这么一点儿小事都办不好，看我不砍了你们的人头。”

就在这时候，一个大臣说道：“国王请先息怒，我有办法帮助公主完成这一心愿。只是我岁数大了，老眼昏花，实在是看不清楚这水池当中的水泡，哪些比较圆满，能不能请公主亲自挑选之后再交给我来编织。”

公主见终于有人能够帮自己编织花环了，自然非常高兴，于是赶紧拿起瓢去荷花池中舀水泡，可是公主刚刚碰到水泡，水泡就破了，消失不见了。

就这样，公主在荷花池足足捞了一个时辰，愣是没有捞上来一个水泡，最后这件事情只好作罢。

【滴水禅思】

作为领导者，对于下属提出的一些不合理的要求应该学会委婉拒绝。特别是在人多的时候，千万不要直接拒绝下属提出的意见和建议，这样不仅会伤害下属的自尊心，而且对于整个团队的积极性都将产生影响。所以，拒绝下属的时候一定要注意方法，委婉地处理，给其留有足够的面子。

月光乃我佛也

【佛言今释】

实际上，当我们的内心充满了快乐，我们的工作才会快乐，生活才会快乐。让我们经常净化自己的心灵，给自己的心灵洗一个澡吧，洗掉上面多余的污垢，拥有一个健康的心灵。

【品读故事】

有一个老和尚到了垂暮之年，准备把自己的衣钵传给弟子。他的众多弟子中，有三个人很优秀，这让老和尚为难起来，不知道该把衣钵传给谁。

在一个傍晚，老和尚感觉自己的生命马上就要终止了，也是他应该确定继承人的时候了。于是他叫来三个弟子，吩咐他们各自出去买一个东西，看谁买的东西又便宜，又能够把整个禅房都装满。

老和尚给了弟子们一人一枚铜钱之后，他的两个弟子就急急忙忙地出去了，只有一个弟子仍端坐在老和尚的身边打禅，并没有任何的行动。

没过多长时间，第一个弟子跑回来了，他告诉老和尚，他已经买了很多车的干草，足可以填满整个禅房。老和尚听完之后摇了摇头，异常失望。

紧接着，第二个弟子也回来了。只见他从自己的衣服口袋里拿出一根蜡烛，然后把蜡烛点上，老和尚看到这种情景，口中念道“阿弥陀佛”，脸上露出了非常满意的表情。

接下来，老和尚又把目光投向了最后一个弟子。只见那个弟子起身，把铜钱还给了老和尚，双手合十地说道：“师父您请看，我买的东西已经来了。”

就在这个时候，老和尚和其他的弟子都朝外面望去，只见就在东边的天边，有一轮满月刹那间从地平线上跃了起来，之后，开始冉冉升起。银色的月光一下子照进了禅房，把禅房照得是一片通明。

老和尚当时惊讶得说不出话来，过了很长时间才问道：“你是怎么想出这个办法的?”

这个弟子见师父在问自己，于是双掌合起，非常恭敬地回答道：“干草固然能够把禅房装满，但是却不能够让禅房干净明亮。蜡烛虽然小得和手指头差不多，但是当我们点燃蜡烛的时候却能够让光照亮禅房。”

之后，他表情严肃地说道：“月光继出，玉宇澄清，月光可以说是这九天之中最有价值的东西，月光是什么？俗话说，‘月明则天明，天明则地明，天明地明则心明’，然而佛明四宇，佛明我心，可见月光乃我佛也！今天我不取一分钱得到我佛，就是因为在我们的心中有佛光。”

当老和尚听完了这个弟子的这番话之后，立刻脱下了自己的袈裟，披在了他身上。

【滴水禅思】

在大多数场合中，有领导者在场，气氛往往尴尬。原因是多方面的，总体而言，是领导者的处世作风太严肃了，领导者在与下级相处的时候，应该表现得热情一些，亲切一些，千万不要让自己表现出高高在下，难以接近的样子。

我为什么不试着去爱呢

【佛言今释】

不管是对人还是对物，我们都不应该动不动就发脾气。愤怒不仅是可怕的，而且是很容易传染的，从而让自己和别人更加愤怒。但是反之，当你给别人送去关心和慈悲的时候，你必然也得到别人同样的关心和尊重。

【品读故事】

有一天，有一个叫林才的禅宗大师正在屋子当中打坐，突然，有一个人很莽撞地跑了进来，他不仅使劲把门撞开，而且还非常用力地又把门给关上了。由于这个人太着急了，把自己的一只鞋子给丢了。

此时只听见林才禅师缓缓地说道："你先不要进来，因为你还没有得到自己的鞋子和门槛的原谅。"

这个人听完林才禅师的话以后，很是气愤，大声说道："老和尚，你在胡说些什么啊？我早就听说这个寺院的和尚、禅师都不太正常，我看这话说得没错。看看，你居然说我没有得到自己的鞋子和门槛的原谅，你不觉得荒唐吗？"

林才禅师听完这个人的牢骚之言后说道："施主，请你现在就到外面去吧，我这辈子再也不想见到你了。没想到你居然如此恶毒地对待自己的鞋子和门槛，既然这样，你为什么不去请求它们来宽恕你呢？当你对我发火的时候，你为什么要把自己的怒火和鞋子联系起来呢？你为什么不能把鞋子和爱联系起来呢？你难道不清楚愤怒也是一种关系吗？当你满怀怒火的时候，你把门关上了，而到了这个时候，你就与门产生了关系。你看看你自己所做的，那么用力把门关上，那扇门并没有招惹你，你为什么要对它发火呢？你赶紧出去吧，如果你不进行道歉的话，永远都不要回来了。"

这个人被林才禅师训斥了一番后，明白了其中蕴含着的深刻道理：一个人既然能发火，那么他也可以去爱，既然这样，为什么不试着去爱呢？

这个人出去之后，望着刚才被他狠狠摔过的那扇门，顿时泪如泉涌，无法控制。接着他又向自己的鞋子鞠了鞠躬，而当他再一次来到林才禅师面前的时候，林才禅师张开了双臂拥抱了他。

【滴水禅思】

一些领导脾气暴躁，不懂得控制自己的情绪，动不动就对下属发火，这显然是不明智的，这样做不仅会影响到自己的威信，而且还会影响整个团队的和谐。所以，领导者应该学会控制自己的情绪，并试着用宽容和爱护的心去解决问题，这样才能做到冷静地处理问题，从而建立良好的上下级关系。

天知地知，你知我知

【佛言今释】

在生活、工作当中，不知道多少人因为别人做错了事而不愿原谅别人。其实，你不原谅别人的同时，也是在折磨自己，因为在恨别人的时候也是让自己在遭受着痛苦，因此，为什么不宽下心来，宽容他人之过呢？

【品读故事】

佛光寺中有一个德高望重的住持，在这个寺院里，除了一个叫空明的小和尚，其他弟子非常尊重这位住持。

因为空明根本就没有把这位住持放在眼里，所以他经常是在深更半夜的时候越墙外出，而在早晨天快亮的时候再翻墙而入。其实住持早就知道这件事情了，但是苦于没有什么证据，因此也没有办法惩罚空明。

有一天深夜，住持正好在寺院中巡逻，结果在寺院的墙边发现了一把椅子。住持一想肯定是空明用这把椅子翻墙到外面去了。于是，住持就悄悄地搬走了椅子，而自己则站在原地等候。

几个小时过去了，眼见天就快亮了。空明终于从外面回来了，当他爬上墙，再跳到“椅子”上的时候，突然觉得这把“椅子”好像没有之前那么坚硬了，软软的，似乎还有一点儿弹性。而等到空明落地之后才发现，原来自己踩的“椅子”是站着的住持，吓得空明赶紧跑走了。

从那以后，空明每天都心神不宁，感觉好像是度日如年，每每都要诚惶诚恐地等待住持对他的惩罚，可是住持依旧和从前一样，对于这件事情只字不提。

过了一段时间，空明终于再也忍受不了了，于是他鼓起勇气，找到住持，诚恳地向住持承认了错误。

谁知住持并没有批评空明，而是笑了笑，说：“你不用担心，这件事情天知地知，你知我知，其他人是不会知道的，你不需要害怕什么。”

从此之后，空明备受鼓舞，他努力学习禅学，再也没有偷偷翻墙出去玩过。

就这样，最后空明通过自己的刻苦修炼，终于成为寺院里的佼佼者。十几年之后，住持圆寂了，而空明则成为新的住持。

【滴水禅思】

在实际工作中，总是会看见一些领导，因为下属的一次错误，甚至是小小的失误，就严肃地批评下属。其实这样做是不妥的，正所谓人无完人，每一个人在成长的过程中都会犯错误。下属犯错误只要能改正，其实也是一种进步。作为领导者应该给下属改正错误的机会，指导其认识到自己的错误，从而更好地提升业务技能。

切莫执着，不可犹豫，你自己勉励吧

【佛言今释】

天生万物，人最灵，根本坏，何为人？做事情最为重要的就是要凭借自己的良心。到底什么是良心呢？简单来说，良心是一颗善良的诚心。良心更是一个人最伟大的财富，如果一个人对自己的良心不看重，就不会有正直的性格品质，可以说有良心的人是最高尚的人，最终也会得到好的结果。

【品读故事】

五台山风景秀丽，乃佛教圣地，在这里曾有一位高僧。

这位高僧的前世生性非常残忍，动不动就杀人，在当时，老百姓对他是恨之入骨，恨不得把他碎尸万段。

突然，他感染上了一种非常严重的疾病，用尽了所有的办法也没有治好。刚开始的时候他非常生气，认为这肯定是老百姓在诅咒他，于是他就下令："把说我坏话的老百姓都抓起来，施以极刑，让他们知道我的厉害。"

过了一段时间，他开始滴水不进了，眼看着马上就要死了，而就在这个时候，他突然产生了忏悔心。于是，他来到了清凉山，虔诚地礼拜忏悔，非常想见文殊菩萨一面。

但是过了很长时间，他也没有见到文殊菩萨显灵，此时，他又不禁开始胡思乱想起来：怎么这么长时间都还没有见到文殊菩萨呢？该不会是因为我身上的罪孽太多了，文殊菩萨不想来见我吧？

渐渐地，在他的心中产生了很多的疑惑和忧虑。就在当天晚上，他做了一个梦，梦见一位老人对他说："在此之前，不知道有多少被你冤枉的人死在了你的手里，你现在想见文殊菩萨，才让你等了一会儿你就开始不耐烦了，更何况你应该明白，人身不过四大之假合，你身实非你有，切莫执着，不可犹豫，你还是自己勉励吧。”

梦醒后，他想，他这身体以后也是要偿还他人之债的，于是，他就来到了文殊菩萨的圣像面前，准备自焚作为别人的供养。

可是，点火前，他虔诚地说：“我现在燃身供养三宝，但愿能够以此为因缘，消释我以前杀人，教唆别人杀人等诸多的罪孽，等我酬谢了三宝之恩后，我才有资格投生做人，希望到那个时候能有一个出家人的样子，直到最后得到菩提的正果，永远不会再杀生了。”

最后，这个希望得到宽恕的人在熊熊烈火中自焚成灰。当时的皇帝知道了这件事情后，为了悼念这个人，于是下令在他燃火焚身的地方建造了一座寺院。这所颇具规模的寺院，被命名为王子烧身寺，也就是现在的东寿宁寺。

【滴水禅思】

做人需要有良心，做领导更需要有良心。一个有良心的领导才能够成为优秀的领导。如果做领导失去了良心，不仅会影响整个团队的发展，而且还会失去下属的信任，永远无法聚拢人才。

水里和地上都做错了，才会两头倒霉

【佛言今释】

如果一个人的内心怀着阴暗的心理，想要成就一件事情是非常困难的，而且，这样很容易弄巧成拙，搬起石头砸自己的脚。所以，一个人要想成功，就必须心胸坦荡，光明磊落。

【品读故事】

很久很久以前，梵授王在波罗奈治理国家，最后被菩萨转化成为树神。那个时候，有一个渔村，有一个渔民和他的小儿子一起到一个他们经常捕鱼的水塘去钓鱼。

爸爸投下了鱼钩，可是他没有想到鱼钩居然钩住了水塘底下的一个大树桩，怎么拉也拉不上来。这时，爸爸想：我肯定是钓到了一条大鱼。我应该让儿子回去告诉我老婆，让她想办法与邻居们吵架，这样一来，邻居们就不会知道我钓到一条大鱼了，那这条鱼也就归我了。

于是他赶紧告诉儿子："孩子，你赶紧回去告诉你妈妈，我们钓到了一条大鱼，让她找借口和邻居们吵架，引开邻居们的注意力。"

孩子走后，他发现自己怎么拉也拉不上来。他开始担心自己的鱼线会断掉，便脱下自己的衣服放到水塘边，而自己则跳到水塘中去摸鱼。一到水里，他就撞到了树桩上，把自己的眼睛给撞伤了。而且也非常不巧，水塘边上来了一个小偷，他一看旁边没有人，就顺手把他的衣服给偷走了。

他疼痛难忍，用双手捂着眼睛，摇摇晃晃地朝着岸上游去。等上了岸，他开始寻找衣服，可是怎么找也找不到。

这个时候，他的老婆正在想办法和邻居们吵架。她把棕榈叶挂在了自己的一只耳朵上，并且还在自己的一只眼睛上面涂抹了一些黑烟灰，怀里还抱着一只小狗，这在当地其实是最为不吉利的打扮，就这样，她到邻居家去串门了。

一个邻居看见她这身打扮，马上说道："你这样的打扮来串门，你是不是疯了？"

"你怎么能够这么说话呢，我没有疯，我看你才疯了呢，你居然还口出恶语，咱们到村长那里去评理，你敢不敢去，我要让村长罚你的钱。"他的老婆说道。

就这样，两个人吵吵嚷嚷地来到了村长家里，村长问清楚了事情的来龙去脉之后，认为这个女人是故意找事，于是，村长就让人们把这个女人给绑了起来，用鞭子抽她，让这个女人赶紧把罚金交了。

树神看这个女人在村子里受罚，而她丈夫在水塘遭遇不幸，于是赶紧站在树杈上说道："人啊，你在水里和地上都做错了事情，所以才会两头倒霉。"

【滴水禅思】

作为一名领导者，心理首先要阳光，要有正能量。在实际工作中，很多领导者就因为自己心思太多，太阴暗，太自私，心胸狭窄，结果与下属产生矛盾，甚至用职权打击报复下属，这无疑是与领导职责不相符的，是不配当领导的。

成人之美，容人之德

【佛言今释】

俗话说："山外有山，人外有人，强中自有强中手。"因此，我们在做事情的时候，必须要做到谦虚谨慎，千万不要骄傲自满。在学习的时候，需要潜心钻研，千万不可以心浮气躁；在工作的时候，认真努力，千万不能失去责任感；在生活当中，更需要乐观向上，千万不可以盲目悲观失信。

【品读故事】

隐峰禅师在马祖禅师的门下求学三年，自以为道行已经很高深了，于是就开始洋洋得意起来。有一天，他准备好自己的行装，准备告别马祖禅师，打算去石头禅师那里试一试自己的禅道。

马祖禅师早就发现隐峰禅师心高气傲了，于是就决定让他去闯一闯、碰一碰钉子，让他从失败中吸取一些教训。

在隐峰禅师临行之前，马祖禅师提醒道："你小心一点儿啊，石头路滑。"在当时，马祖禅师说这样的话其实有两层含义，一是说山高路滑，小心会被石头绊倒，栽跟头；而另外一层意思就是说石头禅师的道义很高，你小心别碰一鼻子灰。

但是，隐峰禅师当时正兴奋得不得了，根本就没有把马祖禅师的话放在心上，而且一路行来，他也没有遇到任何羁绊，可以说异常的顺利，于是就变得更加得意了。

就这样，隐峰禅师来到了石头禅师的住处。当时，隐峰禅师首先是围绕着法座走了一圈，非常得意地问道："你的宗旨是什么呢?"

石头禅师听到了隐峰禅师的问话，连正眼都没有看他，只是抬起头，两只眼睛朝上，答道："苍天！苍天!"

隐峰禅师听完了这句话便无话可对了，他此时也终于知道石头禅师的厉害。而此时此刻，他才明白临行之前马祖禅师所说的话的含意，于是他又回到了马祖禅师的住处。

隐峰禅师把这件事情给马祖禅师说了之后，马祖禅师对他说道："你下次再去问他，等他再说苍天的时候，你就嘘嘘两声。"

隐峰禅师一听，不禁对马祖禅师佩服得五体投地。石头禅师用"苍天"来代表虚空，而这到底还是在使用文字，可是这"嘘嘘"两声，不沾文字，可谓妙哉！于是隐峰禅师非常高兴地上路了。

这一次，隐峰禅师自以为胜券在握了，一定能够把石头禅师比下去。等他到了石头禅师的住处之后，也和第一次一样，先是在法座前转了一圈，问了同样的问题。可是谁知道，石头禅师居然没有说话，而是"嘘嘘"两声，结果这一次隐峰禅师更加不知所措了。因为隐峰禅师没有想到，自己还没有嘘出声来，先被别人"嘘"了。

隐峰禅师再也没有之前的傲气了，最终丧气而归。他回到寺院之后，毕恭毕敬地站在了马祖禅师的面前，开始认认真真地听从马祖禅师的教诲。马祖禅师也没有批评他，反而语重心长地说："我不是早就告诉过你吗，石头路滑嘛！"

【滴水禅思】

在领导者必须具备的优良品质中，谦虚是必不可少的。但是，很多领导者养成了高高在上、目中无人的心态，不把下属放在眼里。其实，强中自有强中手，我们千万不要小瞧任何人，有的下属在某些方面的能力反而是需要领导者好好学习的，只有做一个谦虚，积极学习的领导，才能够更好地带领团队前进。

挑得更多，挑得更稳

【佛言今释】

正所谓"一口吃不成大胖子"。不管是学习、工作、生活，我们必须要寻找到自己的底线。挑水就好像做人，想让自己的水不漏出来，自己不跌倒，那么就必须懂得循序渐进，量力而行的原则，只有这样才能够得到更多的收获。

【品读故事】

很久以前，有一位禅宗大师常年在山林中隐居。因为他的名声很大，所以有很多人不远万里来找他，希望能够得到他的点化。

有一次，有一群人结伴而行来到了山中，他们看见禅师正从山谷当中挑水而来。禅师挑的水并不是很多，两只木桶并没有装满。

当时大家心想：禅师如此厉害，应该能够挑一个很大的桶，而且桶里面的水应都是满满的。于是，人们开始问道："大师，您水桶不装满，这是什么道理呢?"

禅师回答说："挑水之道并不在于挑得多，如果一味地贪多，往往会收到适得其反的效果。"

大家听完之后，更加不能理解了。

于是，禅师从这群人中拉出了一个，让他在山谷里打上满满的两大桶水。这个人打满两大桶水后，挑起来非常吃力，走起路来也是摇摇晃晃的，没走几步就跌倒了，不仅把水全部洒光，而且自己的膝盖也磕破了。

这个时候禅师说道："你看，水全洒了，还不是需要你回头再去挑一次吗？膝盖破了，再行走就更加困难了，这样挑水的话不是比刚才挑的还要少吗?"

这个时候大家才发现禅师说的话非常有道理，于是就紧接着问道："那么，禅师，请问挑多少才合适呢?"

禅师笑着说道："你们看这个水桶。"大家顺着禅师的手指望去，只见禅师的水桶里面画着一条线。"其实，这条线就是底线，装的水是绝对不能够超过这条线的，如果高于这条线，那么就会超过自己的能力和需要，当然，在刚开始的时候，我们还需要经常去看一看这条线，而等到挑水的次数多了之后，我们就不用再看了，只需要凭借自己的感觉就可以了。只要有了这条线，就能够随时提醒我们，做任何事情都必须尽力而为，当然也需要量力而行。"

大家听完了禅师的话，再一次问道："大师，那么，底线到底多低呢?"

禅师笑着说："这个自然就因人而异了，当然是越低越好。因为越低的目标，对于我们来说是越容易实现的，而且我们自己也就不会有挫折感，反之，还能够给自己带来很强的自信心，激发更大的兴趣和热情，如果长期下去，做到循序渐进，自然就会挑得更多，挑得更稳了。”

【滴水禅思】

现如今，很多领导者都存在好大喜功的问题，很容易被利益和名利冲昏头脑，从而在头脑不冷静的情况下做出错误的决定，这对于整个团队的发展是非常不利的。领导有目标、有进取精神是好事，但是切忌不要好高骛远，盲目前进，一定要根据自己的实际情况，实事求是、量力而行。

第三章

禅的本意就是静静思考

——培养领导者的处事能力

确实是最好的纸了

【佛言今释】

最好的东西有的时候就在你的心中，正所谓“适合自己的才是最好的”。坚守自己的原则，坚守自己的意见，更容易发现最适合自己的东西，更容易在诱惑中看清自我，了解自我本性。

【品读故事】

有一天，盘硅禅师对他的弟子说：“你现在去镇子里，给我买一刀最好的纸。”

弟子答应了，匆匆忙忙赶往镇子，他来到了镇子上最好的纸店，比质量，比价格，可以说是进行了反复的比较和权衡，终于买回来一刀纸。

可是没有想到，盘硅禅师看过纸后，说：“这不是最好的纸。”

没有办法，第二天，弟子只得再去镇子一趟。他这一次比较得更加全面和仔细，认为这一次一定买到了最好的纸。

他急急忙忙地返回寺院，期待得到盘硅禅师的表扬。

可是这一次，盘硅禅师看完之后，还是淡淡地说道：“这也不是最好的纸。”

没办法，弟子只好再一次赶往镇子，这一次回来，弟子变得聪明了，先开口说：“师父，纸店老板说了，再也没有比这更好的纸了。”

但是盘硅禅师依旧是摇着头，说道：“这还不是最好的纸。”

这几趟跑下来，弟子早已经有一些不耐烦了，甚至失去了自信，他现在都不知道什么样的纸才算得上好纸了，但是他还是沉住气说道：“师父，这已经是最好的纸了，至少在我眼中是这样的，我已经找不到比这更好的纸了。”

盘硅禅师这个时候抬起头，看着弟子的眼睛问道：“真的是这样的吗?”

弟子此时实在是不想再来回折腾了，于是就一口咬定道：“嗯，没错，这就是最好的纸。”

盘硅禅师听完之后说：“既然你确定这就是最好的纸，你为什么还要一趟趟地来回跑呢?”

弟子听完了盘硅禅师的话，一时无语，刚才还是一肚子委屈，以为师父是故意整自己，但是现在他终于想明白了，终于大彻大悟。

【滴水禅思】

作为一名成熟的领导者，一定要有自己的主见，特别是在需要你做出选择的时候，一定要坚持自己的标准，不要随意被别人的意志所左右，有原则，有标准，才会有成效。

大师，您又笑何物

【佛言今释】

信徒询问心明禅师的这句话，实则是告诉我们，如果把眼睛比作视觉的窗口，那么心灵要比眼睛更具有穿透力，通过了解一个人的心灵，更容易体会到他的真实想法，而且最为关键的是，如果能够洞悉自己的心灵，那么就会看透一切，云淡风轻，本无烦恼。

【品读故事】

有一座清觉禅寺，里面有一位心明禅师，他的悟性非常高，而且感应灵敏，可以说对于世间万事万物都有一种与常人不一样的觉察和体会。而在他的脸上，也总是充满了微笑，就好像是轻风拂面，看着庄重，实在空灵净透。

在惊蛰这一天，心明禅师一个人在寺院中的后院禅修，春天温暖的阳光照射下来，他脸上挂满了笑意。

而就在此时，一名愁眉不展的信徒刚好从他院外路过，看见禅师一脸微笑，于是这个人非常好奇地走上前去，问心明禅师："大师，敢问您为何微笑？"

"施主，我正在笑着温暖的春日阳光！"心明禅师非常认真地回答。

一转眼日子到了清明，可谓是细雨纷纷，路上行人欲断魂，寺院里的香客更是少得可怜。闲来无事，心明禅师就一个人坐在房中参禅，他望着窗外的丝丝细雨，正滋润着万物，心明禅师的脸上又露出了微笑。

而这一次，他的微笑又被信徒看见了。原来这名信徒正好来山上祭拜先人，打算到寺院中避雨。当他想起已经去世的亲人，不禁悲从中起，但是当他发现心明禅师脸上一副微笑的表情时，感觉和此情此景是那么的格格不入，于是又不解地问道："大师，敢问您为何微笑？"

"施主，我是在笑着细雨润万物，滋养着大地生灵百态，用不了多久，大地又会呈现一片鸟语花香之景。"心明禅师依旧认真地回答。

到了夏天，这名信徒专程来拜访心明禅师。当时禅房的门大开着，而心明禅师正坐在床上打盹，身体总会不时地歪倒，而他又会下意识地平衡身体。但是，让人感到不可思议的是，在心明禅师的脸上，一直都挂着微笑。

这名信徒小心翼翼地找到了一张蒲团，悄悄地坐在了大师的对面，仔细观察大师打盹的样子，最终他自己也忍不住发出了笑声。

结果心明禅师一下子被信徒的笑声惊醒了，当信徒告知心明禅师来龙去脉之后，阳光般的笑意再一次回到了禅师的脸上。

信徒此时心想，这位大师果然不同寻常，从来不恼羞成怒，但是他又在笑什么呢，真是百思不得其解，于是他再一次问道："大师，您又笑何物?"

"施主，我笑你观察我的时候怪怪的表情，我在想你的未来，将会有一个美好的明天。"心明禅师依旧非常认真地说。

【滴水禅思】

领导者做事情不能够单纯地依靠自己的眼睛，正所谓"眼见也不一定为实"。要更多地去了解每一个下属的内心，看看他们的内心到底在想什么。千万不要仅仅只看到下属的外在表现就妄下判断，只有充分了解了下属的所想，才能够更好地去领导大家，才能够让团队更加具有凝聚力和战斗力。

练得身形似鹤形

【佛言今释】

李翱的这一偈，可以说是没有辜负惟严禅师的点拨，平常心本来就是一种顺其自然，不矫饰，不强求的心态，更是超越了对于自然生活、清净自性心的一种全然显现。只有看透事情的本来面貌，才能够达到做人的高境界。

【品读故事】

李翱一直都非常向往惟严禅师的禅道，在他还做朗州刺史的时候，曾经多次邀请惟严禅师下山去参禅论道，但是都被惟严禅师拒绝了，没办法，最后李翱决定亲自去拜见惟严禅师。

就在李翱去的那一天，恰好遇到惟严禅师正在山边的树下看着经书，但是惟严禅师并没有丝毫起迎之意。而此时，李翱的随从提醒惟严禅师说："太守已经等候您多时了。"惟严禅师还是当作没听见，只是闭目养神。

李翱其实是一个急性子的人，当他看见惟严禅师居然是这样一副冷漠的态度对他时，就忍不住怒声斥道："真的是闻名不如见面！"说完之后，就气愤地拂袖而去。

惟严禅师这个时候才开始慢慢地睁开眼睛，缓缓地说道："太守为什么要相信远的耳朵，而却轻视了近的眼睛呢？"

李翱听完之后感到很惊讶，于是急忙转身，拱手谢罪，并且向惟严禅师请教什么是"戒定慧"。

惟严禅师是石头希迁禅师的法嗣，属于惠能的南宗，讲究的不是渐修，而是顿悟。所以，惟严禅师回答道："我这里根本就没有这种闲着无用的家具！"

李翱听完之后，可谓是丈二和尚摸不着头脑，他只好换了一个话题继续问道："大师贵姓？"

惟严禅师说："正是这个时候。"

李翱一听更加不明白了。这时，站在一边的寺院的总管悄悄对李翱说："禅师姓韩，韩者寒也。时下正好是冬天，不就是'韩'吗？"

惟严禅师听到这里，哈哈大笑起来，说道："胡说八道！如果他正好是夏天的时候来这里问我，难道我就姓'热'吗？"

李翱听完之后忍不住笑了几声，气氛顿时变得轻松了许多。

于是李翱又问惟严禅师什么是禅道。惟严禅师用手指了指天，又指了指地，之后问李翱说："你明白了吗？"

李翱摇摇头说："没有。"

就在这个时候，一道阳光照射了下来，正好照到了瓶中的净水，于是李翱不禁随口念出了一偈：

"炼得身形似鹤形，千株松下两函经。我来问道无余说，云在青天水在瓶。”

【滴水禅思】

领导者需要练就一双慧眼，就好像是云在天空，水在瓶中，这些都是事物的本来面貌，而且也没有什么特别的地方。但作为领导者，仅仅只看到事物的表面，抓不到本质是不够。只有通过表象，发现事物的本质，才能够做好领导工作。

生活中注意守好六根

【佛言今释】

六根主要指眼、耳、鼻、舌、身、意六根。只要把六根守好，那么就不会有烦恼，身心自然就能够回归本性。其实，不管是学习、工作还是生活，如果过分投入便会成为一种负担，因此，调整到适度的状态，就是一种高效率。

【品读故事】

佛陀曾经有一个非常得力的弟子，名叫慧贤，他出身一个名望家族。慧贤从小就非常有志气，当然也非常的骄傲，他总是觉得自己的慧根比别人好，而且认为别人悟不出来的东西，自己都可以悟出来，甚至他还觉得，自己可以悟透一切。

就这样，慧贤开始没日没夜地念经诵经，他心中非常着急，希望自己能够早日开悟，但是越是这样，心中就越烦躁。

一段时间过去了，他居然没有一丝的进展。这个时候慧贤更加苦闷了，他变得更加刻苦，夜以继日地学习经文，参禅打坐，结果到头来还是一无所获。

这一次，慧贤的内心承受了巨大的打击，丧失了自信，他心想：早知道现如今是这样的结果，当初何必选择出家呢？自己在家中做一个悠闲的人，还可以时不时地悟出一些东西，也算是与佛有缘，但是现在出家了，自己苦心学习这么久，却什么也参悟不出来。

慧贤的杂念被佛陀知道了，于是佛陀把慧贤请到了自己的房中。

当慧贤见到佛陀，可以说是百感交集，心中非常不好受。

佛陀一眼就看透了他的心思，于是和蔼地问道："慧贤，听说你父亲从小就对你寄予厚望，而且从小就教你琴棋书画，你最擅长什么呢?"

慧贤听完之后，并不明白佛陀的意思，只要如实回答："琴乐。"

其实，慧贤的回答正是佛陀想要得到的答案，于是佛陀继续问道："哦，那你一定懂得如何给琴弦调音吧，你平时会不会把琴弦调得很松呢?"

慧能说道："不会的，如果把琴弦调得太松，那么就无法弹出声音了，发音会不准。"

"那你会把琴弦调得很紧吗?"佛陀继续问道。

"自然也不会呀，如果调得过紧，那么琴弦发出的声音就非常刺耳，而且琴弦也很容易断掉。"

佛陀开示道："那你现在应该明白了吧，你的状态就好像是这紧绷的琴弦，实在是绷得太紧了，这样不仅无法修成正果，而且还容易把自己逼到崩溃的边缘。所以，你应该像琴弦一样，不要过松，也不要过紧，适度即可。你也只有将自己的心归于正常的本性，在平日当中注意守护好六根门，才可以修得正果。"

慧贤听完之后大彻大悟，最终修成了正果。

【滴水禅思】

领导者在工作当中更需要适度，更要懂得中庸之道。正所谓："物极必反。”任何时候都不能把人逼得过紧，把事情做得过绝。时时刻刻给自己留一条后路，为别人留一条活路，这才是真正的做人做事之道。

这种事大可不必太认真

【佛言今释】

活佛济公所说的这句很平常的话，可以说给了矮个子一剂良药。做任何事情都需要我们仔细去权衡，那些鸡毛蒜皮的小事没有必要太认真，无关大局的枝节更没有必要太较真，剑拔弩张的僵持则更不能认真。

【品读故事】

大家熟知的活佛济公可以说是一个最为想得开的自由人。有一天，他四处云游的时候看到一高一矮的两个人正在互相用手指着，不知道为了什么事情争得面红耳赤，唾沫横飞。围观的人里里外外围了很多。

大家看见济公来了，就好像是等到了救星一样，于是赶紧请他明断。济公首先询问了他们到底是为什么争论，后来才知道原来是为了一道算术题。矮个子的人说三八等于二十四，但是高个子的人却说三八等于二十三，两个人各持己见争论不休，甚至就要动手打起来了。

最后，两个人还打赌说要请一个圣贤来做裁定，看谁的答案是正确的，错误的一方将把自己家里养的鸡送给胜利者。

济公听完了两个人的叙述之后，根本没有思考，就认为是高个子赢了，并且还认为说三八等于二十四的矮个子应该向说三八等于二十三的高个子兑现承诺。对于这样的裁判，矮个子当然不可能答应了。

他非常气愤地说道：“三八二十四，这个可以说是连小孩都懂的真理，您可是活佛啊，怎么会认为三八等于二十三呢，看样子您也是徒有虚名啊！”

济公听完之后哈哈笑道：“你说得没有错，三八等于二十四这是小孩子都明白的真理。既然连小孩子都知道的道理，你又何必与一个连小孩子的智商都不及的人理论呢？”

矮个子听完之后好像略有所悟，于是济公拍了拍他的肩膀说道：“那个人虽然得到了你的鸡，但是他却获得了一辈子的糊涂；你虽然失去了自己的鸡，但是却得到了深刻的教训！你这么一个明白的人为什么要跟一个糊涂的人斤斤计较呢？对于这样的事情，你完全没有必要太过认真。”

矮个子听完活佛济公的话，点了点头。

【滴水禅思】

在工作当中，人际关系并不是简简单单的，可以说是错综复杂的，所以，有一些非原则性的事情作为领导者完全没有必要去斤斤计较。如果什么事情都较真，等于是给自己的领导之路设置了一道新的障碍，多增添了一道藩篱。

大度者才能自制

【佛言今释】

广钦和尚的忍辱、不予回击确实可以算得上是很高的境界，而且这些事情也并不是一般人可以做到的。这些更需要领导者学习，一个优秀的领导者是不可能失去大度的胸怀的，心胸狭小的人永远不可能成为成功的领导者。

【品读故事】

曾经有一位高僧广钦和尚，住在承天寺。他说自己没有任何的福报，于是不敢接受供养，最后就去了山洞住，而且一住就是十三年。

十三年后的一天，广钦和尚再一次回到了庙里，但是他并不住禅房，而是住在大殿。大殿是不能够安排床铺的，于是广钦和尚就整天在大雄宝殿里面打坐，当时大家对于广钦和尚的毅力都感到非常的敬佩。

但是突然有一天，监院师和香灯师把大家召集在一起，说道："昨天晚上大雄宝殿的功德箱被盗了。"大家在听完这个消息之后都大吃一惊。原来，功德箱里的钱财是寺院的主要收入，更何况，在过去从来都没有发生过被盗的事情。所以，大家很自然地就怀疑到了广钦和尚，既然他是在大殿里面打坐的，即使不是他偷的，但是功德箱被盗他也有不可推脱的责任。

就这样，大家对他的看法来了一个一百八十度的大转弯，全寺院的人都非常鄙视他。

广钦和尚面对大家对他骤然剧变的态度，从没有申辩过，也没有说过"我没有偷，也没有看到别人偷"，就好像这件事和他没有关系一样。

别人指责他，别人骂他，广钦和尚也不做任何回答，一直都是一副若无其事的样子。在一个星期之后，监院师又把大家集合在一起，宣布道："根本没有功德箱被盗这件事情，我之所以要这么说，就是为了考验一下广钦大师住在山洞的十三年时间，到底修行到什么程度了，现在看来他是真的有功夫的！"

这时，原来那些骂他、指责他的人才明白了事情的真相，恍然大悟。

【滴水禅思】

真正的成功源自于自制，作为领导者，只有拥有大度的胸怀才能够真正做到自制。一旦领导者能够自制，就能够做到心安理得，集中自己的精力做重要的事情。在领导者当中，懂得自制的领导往往是受人敬佩的，而且也是管理水平，处事能力高的体现。

从现在开始重修你的命运

【佛言今释】

命运有的时候是非常奇怪的，它存在很多不可预见的复杂性。在很多时候，失败和成功总是交织在一起，但是命运也绝对不是固定不变的，命从心生，运由心转。人生事业的成败关键不在于命运，而在于你付出多少努力。

【品读故事】

在很久以前，有一个年轻人与自己的几个亲戚合伙做棉花生意。结果，他们第一次去外地采购棉花就遭遇到了大暴雨，数千斤的棉花被沤在了库房当中，慢慢发霉、烂掉，损失惨重。

当他怀着悲伤的心情回到家中的时候，父亲所经营的小饭店也发生了意外，被大火烧了一个精光，现在他们家是一贫如洗，他的父亲和母亲也因为无法忍受这突来的变故先后去世，而他更是悲恸不已。

有一天他来到了小镇上，请一位算命先生给自己算一卦，结果算命先生告诉他，这辈子都不可能有发迹的机会了。他听完之后更加沮丧，每天消沉度日，什么事情也不做，就靠着亲戚朋友的接济勉强度日。

有一天，他终于绝望了，来到河边准备跳河自杀，但是幸运的是，他被路人救了。路人问他为什么寻短见。他把自己的经历告诉了救命人，救命人听完之后劝他到湛山拜访惠明禅师，求他指点迷津。

他抱着一线希望，来到了湛山拜访惠明禅师，把自己的不幸遭遇给惠明禅师说了一遍，之后问道："大师，命数可以逃避吗?"

惠明禅师捻了捻胡须，笑着说道："命，是由你自己做成的。你如果做了善事，那么你的命就会好；如果你做了恶事，那么你的命就不会好了。你在此之前做过恶事吗?"

他摇了摇头。

于是惠明禅师说道："那么，你从现在开始就重新修整你的命运吧。"

他有一些怀疑地看着惠明禅师，问道："大师，命运真的可以重修吗?"

惠明禅师并没有立即回答，而是从自己的禅桌下面的瓷碗当中拿出了一粒葡萄握在了自己的手中。之后，惠明禅师问道："你说，这一粒葡萄是完整的还是破损的?"

他想了一会儿说道："如果我告诉您是完整的，那么您只要稍微用力，这粒葡萄就会破碎。"

惠明禅师听完之后爽朗地笑着说道："你看，命运就好像是这一粒葡萄，就掌握在你自己的手中。"

年轻人终于明白了道理，他重新振作起来，重操父亲的旧业，先是在小镇的街道上摆了一个小吃摊，就这样把生意一点一点做大，几十年后，年轻人终于成为远近有名的大老板了。

【滴水禅思】

有一些领导在工作中总是抱怨不停，埋怨这不好，那不好。其实这些都是客观原因。要想成为优秀的领导，首先就要有努力工作的劲头，要真正地付出。因为只有你付出了，你才会得到收获，才能够把事情做好。

那东西会害人的

【佛言今释】

好名之人必将被名捆绑，而好利之人终被利益所困。名利，其实就好像是一座豪华的房子，每一个人都想住进去，但是很多人从来没有意识到，这样的一座房子只有进去的路，却没有出来的门。如果我们放不下金钱，就会成为金钱的奴隶；放不下虚名，就会成为名誉的囚徒。

【品读故事】

有一天傍晚，两个关系非常好的朋友正在林间散步，突然见到一个小和尚慌慌张张地从树林里跑了出来。于是，他们问小和尚："怎么了，你为什么如此的慌张，发生了什么事情?"

只见小和尚忐忑不安地说道："我刚才正在移栽一棵小树，但是却发现树根下面有一坛金子。"

两个人听后笑着说道："小和尚，挖出金子来是天大的好事，你为什么要害怕呢？你告诉我们在哪里，我们去挖，我们不害怕。"

小和尚还是劝说道："你们还是不要去了，那东西会害人的。"

二人依旧说道："没事，你放心吧，我们不害怕，你告诉我们那东西在哪里吧。"

于是小和尚就告诉了他们金子的具体位置，果然，两个人在一棵树的下面发现了金子，真的是好大的一坛金子啊。

其中一个人说道："咱们现在把金子运回去肯定不安全，我在这里守着，你回去弄点儿饭菜来，咱们吃完晚饭再把金子运送回去。"另一个人答应了，赶紧回去弄晚饭。

可是这两个人都心怀鬼胎，留守的人心想，要是这一大坛子黄金都属于我该多好啊，一会儿他来了，我一棒子把他打死，这样金子不就都属于我了吗?

回家做饭的人心想，一会儿我先吃饭，之后再在他的饭里面下毒，这样的话金子就都是我的了。

过了一会儿，那个回家做饭的人回来了。他刚走进树林，就被留守的人用棒子打死了。而留守的人此时早就饿了，于是随手就拿起饭菜吃了起来。可是他没想到这饭菜中有毒，吃了没多长时间，留守的人就觉得肚子疼痛难忍，没过多久就死了。

就在临死之前，这个人想起小和尚说的话来："这东西会害人的。"可惜这两个人直到死时才明白。

【滴水禅思】

很多领导者总是会被名利束缚一生，其实，下属也会这样。作为领导者一定要注意树立高尚的情操，给下属做榜样。千万不要因为自己被名利束缚，造成下属之间为了名利相互争斗的悲剧，这样势必会影响到整个团队的和谐。

既要看破红尘，又要普度众生

【佛言今释】

出世与入世本来就是对立统一的关系，出世的目的就是为了更好地入世。一个人想要在世间活得轻松自如，那么既不能够随波逐流，更不能够消极避世，因为这才是一个人正确而科学的处世态度和为人准则。

【品读故事】

无德禅师经常云游四方，更是喜欢到处参禅学道。

有一天，无德禅师来到了一个小山村，但是由于当时的天气非常炎热，他感觉自己又累又渴，就决定先停下来休息一会儿。

这时，无德禅师刚好看见河边有一个村民正在用水车打水，于是无德禅师走上前去打算要一碗水喝。

村民一本正经地对无德禅师说道："大师，如果有一天我看破了红尘，那么我也会像您一样出家参禅的，但是当我出家之后，肯定不会四处云游，过着这样居无定所的生活。我肯定会找一个地方隐居起来，能够专心地参禅修道，而且这辈子都不会再抛头露面了。"

无德禅师听完了村民的话之后，说道："那你觉得自己什么时候才能够看破红尘呢?"

村民笑着说道："在我们这一片地区，只有我最了解这水车的性能，而且全村的人都必须靠这水车饮水，如果现在能够找一个人来替代我的位置，那么我就可以无牵无挂地出家参禅了。"

无德禅师听完之后说道："既然你最了解水车，那么如果水车全都泡在了水里，或者是完完全全地离开了水面，那又会怎么样呢?"

这个村民回答说："如果把水车放在水中，它就会依靠下半部被水流冲击而转动的原理进行工作，如果我们把水车全部泡在水里的话，那么它不仅无法转动，甚至还有可能被水流冲走、冲坏。同样的道理，如果把水车完完全全地离开水面，那么水车自然也是无法运转的，更别说抽出水来了。"

无德禅师听完这个村民的回答之后，点化他说："其实水车与水流的关系不正好说明了人与尘世的关系吗？如果一个人完全入世，一辈子都纵身江湖的话，那么难免就会被尘世间的各种'洪水'所冲走。可是如果一个人超然出世的话，那么他也势必会失去人生强大的动力。同样的道理，作为一个参禅修道之人，也需要出入得宜，既不可以冷眼旁观，更不能够随波逐流，因此，出家人既要看破红尘，又需要想办法来普度众生。

【滴水禅思】

领导者不要总是忙于工作，不要总是把目光放在工作业绩、工作时间、工作任务上，其实，对于下属而言，需要领导者关心的不仅仅是这些，他们更希望得到的是领导的人文关怀，所以，建议每一位领导要把眼光放得长远一些，多角度地去关注下属的工作和生活。

明天还会有落叶飘下来

【佛言今释】

在实际生活中，很多人总想着把所有的事情都做得完美，想要把自己所有的烦恼都化解掉，但是实际上，很多事情是不能够提前完成的，因此，一个人过早地为未来担忧，可以说是于事无补的。

新的一天我们总会遇到新的问题，没有必要试图去透支明天的事情，我们只需要踏踏实实地做好今天的事情，就能够留住本来该属于你的那一份快乐。

【品读故事】

山中深处的寺院里有一个小和尚，他每天的主要工作就是负责清扫寺院里面的落叶，但是，小和尚对于这件事，早已经厌烦了，于是就想去做其他的事情。

等到秋季来临的时候，落叶比平时更多了，这可让小和尚感到非常的头疼，于是他就去向师兄们请教，希望大家能够帮助自己早日摆脱这种厌烦的情绪，让自己每天的工作轻松起来，心情变得愉快起来。

这件事情最后传到了住持的耳朵里，当住持知道了小和尚的烦恼之后，就主动找到了小和尚，与他谈心。这个时候，小和尚很坦诚地向住持说出了自己心中的委屈。

住持则对小和尚说："明天在你开始打扫落叶之前先用力摇一摇树，把落叶全都摇下来，明天你把落叶扫完了，后天就不用再扫落叶了。"

小和尚听完住持的建议之后非常高兴，于是第二天一大早，他就开始主动去摇晃寺院里的树，直到把树上面的落叶摇得再也不会落下来一片为止，之后，小和尚就开始用扫帚仔仔细细地打扫了一遍。

可以说，这一天是小和尚最开心的一天，晚上，小和尚心想：明天肯定不用早起扫地了，再也不会有落叶了，于是小和尚就高高兴兴地睡着了。

但是第二天，当小和尚起床之后走到院子里一看，顿时傻眼了：昨天的工夫全白费了，院子里还是和之前一样，满地都是落叶。

就在这个时候，住持笑呵呵地向他走来，语重心长地说道："傻孩子，你知道我昨天为什么给你出这个主意吗？就是因为我希望你能够明白——无论你今天多么努力，明天还会有落叶飘下来的。"

当小和尚听完住持的话以后，终于明白了住持的深意。

【滴水禅思】

有很多领导者属于完美主义者，做任何事情都希望追求完美，获得完美的结果。这种执着的精神是值得我们学习的，但是如果太过于执着，那么往往会让自己压力很大，而且目标制订过高也很难完成，甚至会让团队受到领导的影响，失去前进的动力。

人言可畏

【佛言今释】

在有的时候，即使天空下了一场倾盆大雨，但依旧还是无法阻挡银色月光的挥洒，所以，让我们安然地面对别人的非难与误解吧，坚持自己心中的原则和宁静，在有的时候，这样的无言也许才是最优美，最崇高的。

【品读故事】

松云禅师自从出家学禅之后，每天总是挂念着自己年老又没有人照顾的母亲，为此，他修建了一座禅舍，让自己和母亲同住，这样一来，自己就能够每天照顾母亲了。

松云禅师每天除了参禅打坐，空闲时间还帮助别人抄写一些经文，以此获得一些微薄的的生活费。但是，由于很多人并不知道内情，于是总喜欢在背后对他指指点点，有时候甚至还会轻蔑地说："你们看那个和尚，是一个酒肉之徒。"

松云禅师并没有进行太多的解释，因为他根本就不会在意别人的闲言碎语，但是他的母亲却感觉自己把儿子连累了，所以就跟着出家了，并且也开始吃素食。

有一天，有一个非常漂亮的女子在路上遇到了松云禅师，她见松云禅师长得一表人才，而且也是一个非常值得信赖的人，于是，她就把松云禅师请到自己的家中进行说法。而松云禅师也并没有想那么多，就毫不犹豫地答应了。因为在松云禅师的眼中这是很好的事情，任何人都不会拒绝的。

可是这样一件好事，却又被人们传开了，俗话说得好："人言可畏。”这话越传越变了样，事情到最后居然被传成了：有人亲眼看见松云禅师到妓院去找妓女快活。

当周围的人知道这件事情之后，再也不能容忍松云禅师了。有一天，松云禅师去外面进行讲法，而等他回到自己的禅舍的时候，却发现禅舍已经被人捣毁了，他知道人们已经不能够容忍他了，要把他赶走。松云禅师实在没有办法，只好把自己的母亲托付给亲戚，而自己则到外面去云游弘法。

几年时间过去了，松云禅师听说自己的母亲在故里得了重病，于是就急急忙忙地赶回了家乡，可是母亲还是先他一步离开了人世。

松云禅师默默地站在母亲的灵柩前面，过了很长的时间，他用自己的手杖轻轻地敲了敲棺木说道：“娘呀，孩儿回来了，我回来看你了！”当时灵堂里一片寂静，于是松云禅师就开始学着母亲的口气回答道：“松云，看你完成了禅道回来，我真的很高兴。”“是的，娘。”松云禅师又自言自语道：“孩儿完成了禅道，回来和您一起超升到佛国，再也不会在人间受那些不该受的气了，我也和您一样的高兴啊。”

松云禅师说完之后，就转身对众人说：“我母亲的葬礼已经完毕了，可以安葬了。”

这一年，母亲六十八岁，而松云禅师才三十岁。

转眼间，过去了二十六年，松云禅师已经五十六岁了。有一天，他突然感觉自己的大限马上就要到了，于是他召集弟子，与他们进行辞别。之后他又来到自己的母亲遗像前面点上一炷香，坐着安详地圆寂了。

【滴水禅思】

其实，在领导的工作当中有误解和非议是在所难免的，只要我们能够看得开，想得透，那么一定可以很好地处理误解和非议，营造和谐奋进的气氛。

饭中间才会有黄豆

【佛言今释】

在这个世界上，我们每一个人的能力都是不同的，不管做什么事情，我们尽力去做就好。有的时候，能力的大小不是我们可以改变的，而唯一能够由我们自己决定的事情就是竭尽全力，只要这样，哪怕做不到最好，也能够做到问心无愧，不留下任何遗憾。

【品读故事】

有一天，佛祖来到一个国家弘扬佛法，当国王知道了这件事情之后就广设布施来款待佛祖和他的众弟子。

在当时，这座城市里有一位非常贫穷的老妇人，她的家中什么东西都没有，每天依靠乞讨为生。

这位老妇人听说国王正在为佛祖和众比丘布施款待，于是心中就产生了虔诚的想法。她也想向佛祖和众比丘贡献一点儿东西。可是她看了看自己的家中，可谓是一贫如洗，根本就没有一件可以拿得出来的东西，因此，老妇人只好无奈地叹息起来。

忽然，老妇人看到了别人施舍给她的一些黄豆，顿时心中大喜。老妇人于是赶紧来到了王宫，她想把自己的这点儿黄豆贡献给佛祖。可是看门的人却发现老妇人衣服破烂，手上只捧着一点儿黄豆，居然还想到王宫当中用它供奉佛祖，觉得非常可笑，坚决不让老妇人进去。

当佛祖在宫中知道了这件事情之后，就命人到门口取来了老妇人手中的黄豆，并且还把这些黄豆放到了国王布施的各种美食里面。结果国王在吃到的所有东西里面都有黄豆，于是大怒，命人处置厨师。

这时，佛祖在一边劝国王道："国王，这件事情不能够责怪厨师，这些黄豆是宫外一位非常贫穷的老妇人布施的。"

国王听完之后面无表情，佛祖紧接着说道："这位老妇人可以说是一片真心、善良啊，虽然是一粒小小的黄豆，但是也能够帮助国王布施饭食。所以，饭中间才会出现黄豆。"

国王听完佛祖的话之后非常不以为然，问道："她的这点儿黄豆算得了什么啊？这黄豆怎么能够和我这么丰盛而美味的食物相提并论啊？"

没想到佛祖却说道："老妇人施舍的黄豆虽然并不值多少钱，但是她将来获得的功德肯定要比国王您大。"

国王听完之后更加不解地问："大师，难道我用这么丰盛美味的食物来招待您和众比丘，还比不上老妇人布施的这点儿黄豆吗？"

佛祖于是向国王解释道："老妇人贡献的黄豆虽然不值钱，但是却是尽其所能进行的布施，但是对于您而言，您的布施虽然很多，价值很高，但是这些都是来自于老百姓的，所以，您自身毫无损失。因此我说，老妇人的布施是非常多的，国王您的布施很少，而老妇人的功德要比您大得多。"

当国王听完了佛祖的这番话之后深受启发，于是就拜在了佛祖的门下。

【滴水禅思】

对于领导者而言，因为每个下属的能力是不一样的，所以，领导者在处事的时候也要注意实事求是的原则，根据每个下属的不同情况来布置任务，能够发挥其所长，规避其所短。

花无百日红，人无千日好

【佛言今释】

对于我们考虑好的事情一定要大胆地去做，若总是顾虑重重，畏首畏尾，那么到头来只会让自己失去做事的机会。为人处世做到能屈能伸，不与别人计较太多，这才是真正的大智慧。

【品读故事】

很久之前，有一位隐峰禅师，他是马祖道一禅师的弟子，他们在当时都是非常著名的禅师。虽然他们是师徒关系，但是他们总是在一起参禅悟道，相互学习，共同进步。

有一次，隐峰禅师推着车子搬运经书，这时，正好遇见了马祖道一禅师坐在不远处的藤椅上，一副悠然自得的样子。

可是，由于道路实在太狭窄了，隐峰禅师只能够请求马祖道一禅师把脚缩回去，给他让一下路，但是没有想到马祖道一禅师居然非常无理地说了一句："我向来都是只伸不缩的。"于是隐峰禅师也不甘示弱地对他说道："那我也向来是只进不退。"于是两个人争执起来，谁都不想让步。

因为隐峰禅师需要把经书运到藏经阁，如果这样耽误下去，肯定也不是办法。

于是，隐峰禅师就不顾一切地推车向前，结果车轮压伤了马祖道一禅师的脚，疼得马祖道一禅师浑身哆嗦。

之后，马祖道一禅师召集了寺院里的所有僧人，准备登堂讲法，而且，他的手里还拿着一把锋利无比的斧子。大家看到马祖道一禅师一脸的怒气，谁也不敢大声说话。

这时，马祖道一禅师对众僧大声喊道："刚才是谁把我的脚给压了，赶紧给我出来，我要用这把锋利的斧子砍下他的脑袋。"众僧听完之后，都面面相觑。

只见这个时候，隐峰禅师勇敢地快步走了上去，毫不犹疑地把自己的脖子伸了出来。马祖道一禅师见他居然一点儿也不畏惧，就把手中的斧头放了下来，心平气和地说道："你对自己的生命都能够做到这么毫不犹豫，你在这个大千世界可以随意行走了。"

当隐峰禅师听完了马祖道一禅师这句话之后，就缩回了自己的脖子，立即向马祖道一禅师跪拜，之后弯腰退了下去。

马祖道一禅师看见隐峰禅师这一举动后，更加赞赏地说道："能进能退，乃真正法器。"众僧都略有所悟地点了点头。

【滴水禅思】

作为领导者，需要有魄力，做事不能畏首畏尾，否则很难有所成就。在实际工作中，有很多领导者做事犹犹豫豫，做了决定后，听到一点儿风声，就开始怀疑自己的决定是否正确，从而随意改变自己制订的目标，让自己永远无法真正的前进。

当然是归送礼的人了

【佛言今释】

不管是在生活中，还是在工作中，我们总是会遇到一些不怀好意的挑衅和侮辱，目的就是为了让你感到伤心和愤怒，甚至让你失去理智。如果你一时冲动，那么就上了对方的当，让对方如愿以偿。如果你不被对方这些话所动，那么对方到头来不是拿起石头砸了自己的脚吗？

【品读故事】

在日本东京，有一位武功非常厉害的武士，虽然他是武士，但是他对于禅道也是非常精通。一天晚上，有一位年轻的武士前来拜访，这位年轻的武士不仅武功厉害，而且胆大妄为、横行乡里，做了很多坏事。

这位年轻的武士在和别人进行比赛的时候，总是喜欢通过各种手段来激怒别人，让别人在愤怒之下先出手，而自己则可以冷静地观察对方的漏洞，当自己一旦抓住了对方的弱点后就以迅雷不及掩耳之势进行反击。他就是运用这种战术，让和他交过手的人几乎都败在了他的拳法之下。

这位年轻的武士早就知道了老武士的大名，但他根本就没有把老武士放在眼里，因此这次前来拜访，其真正目的就是为了向老武士挑战，并且想借此来提高自己的名声。

老武士有很多弟子，弟子们都担心师父的年纪太大，不是年轻武士的对手，于是大家都不同意师父和年轻武士进行比武。如果非要比武的话，希望老武士挑选自己的徒弟前去应战。可是老武士拒绝了弟子们的好意，决定亲自应战。

结果，两大高手比赛的消息不胫而走，当地的人们都赶到市中心的广场上来看这场不同寻常的比赛。

比赛开始了，年轻的武士还是使用他惯用的招数，一开始就侮辱老武士，不仅对他扔石头、香蕉皮，甚至还往他的脸上吐口水，最后居然用一些非常难听的话来侮辱他。年轻的武士用了很长的时间来侮辱老武士，他是想激怒老武士。

但是不管年轻的武士怎么挑衅，怎么辱骂，老武士始终是不动声色，由于老武士不生气，所以也就没有先出手。

年轻的武士之前根本就没有遇到过这样的情况，他骂得嗓子已经快哑了，扔石头和香蕉皮也早让他感到筋疲力尽了，他已经没有精力和勇气去和老武士进行比赛了，到了最后，血气方刚的年轻武士居然不战自退，心中也是非常的惭愧。

就这样，这次比赛最终不了了之。在回去的路上，老武士的弟子们怎么想都想不通，于是纷纷去询问师父："师父，他骂您，您为什么不去教训他啊，我们真的是太生气了，真想好好教训一下那个狂妄自大的家伙。"

"就是，那个小子真是太过分了，师父您怎么能够忍耐呢？这样真的有损师父您的形象啊。"弟子们都不约而同地说着。

面对弟子们的质问，老武士刚开始的时候并没有直接回答，而是反问弟子："假如有人带着礼物来见你，如果你不接下礼物的话，礼物归谁呢？"

弟子们齐声回答说："当然是归送礼的人了。"

老武士此时微笑地说道："嫉妒、愤怒与侮辱难道不是这样的道理吗？如果你可以把这些东西全部拒收的话，那么它们肯定还是会属于对方的。"

直到这个时候，弟子们才明白了师父的深刻用意，当然也明白了做人的大道理。

【滴水禅思】

作为一名优秀的领导者，冷静、客观、从容是必不可少的品质。领导者往往需要面对来自各方面的压力，甚至有的时候会遇到下属的挑衅和侮辱，而这个时候，正是领导者表现自己综合素质的时候，一定要大度、冷静、从容地面对这些挑战，这才是对别人，当然也是对自己最大的宽容。

不要去指责他人

【佛言今释】

佛说："不要去指责他人。"在这个世界上，没有谁愿意被别人指责，这就是我们的人性。指责别人也是徒劳的，因为这样只会引来别人对你的戒备，甚至会引起毫无意义的争辩。在工作中，做任何事情都需要拥有一颗宽容的心，理解的心，看开一些，抱怨少一些。

【品读故事】

有一天，盘珪禅师正在专心致志地给弟子们讲法诵经，突然，人群当中发生了一阵骚动。

当时，只见盘珪禅师的一名弟子抓着另一名弟子，而且手里面还拿着一个钱袋，口中大声叫着："终于又让我抓到你偷钱了。"说着就把他带到了盘珪禅师的面前，兴奋地说道："师父，上次我们抓到他，当时您让我们原谅他，可是，他直到现在还没有改正，您看吧，他又开始偷钱了。"

当盘珪禅师问清楚了情况之后，宽容地说道："我看大家还是原谅他吧，再给他一次改过自新的机会。"

"不行，他已经偷窃过很多次了，我们不能够再宽容他了，而且这一次也绝对不能原谅他。""对于这样的人，我们原谅他多少次都是没有用的。""我觉得师父您真是太善良了，如果您不把他开除，那么我们就集体离开这里！"很多弟子也都开始大声嚷了起来。

盘珪禅师看到弟子们一个个如此激动，但是他没有生气，依旧以宽容的口气对他的弟子们说："你们都是他的师兄，你们都是能够分清是非的人。可是，他现在连最起码的是非都还没有分清楚，你们应该来帮助他。如果作为师兄，你们都不能够帮助他明辨是非，那么，到头来还有谁会帮助他呢?”

盘珪禅师紧接着说道：“我决定要把他继续留在这里，哪怕你们全都离开我，我也会坚持我的决定。”

当弟子们听完了盘珪禅师的话后，一个个惊得都说不出话来，他们并没有想到师父真的会为了他不要他们。

这个时候，只见那个偷窃的弟子“扑通”一声跪倒在了盘珪禅师的面前，泪流满面。他开始忏悔，并且发誓以后绝对不会再偷盗了，一定会洗心革面，痛改前非，而且一定不会辜负师父和众师兄的期望。

就这样，这个偷窃的弟子终于痛改前非，悟出了人生的是非善恶。

【滴水禅思】

领导在做事时，严格要求下属是没有问题的，但是严格也是需要把握好尺度的。如果过分严格要求，不仅无法达到预期的目的，甚至还会引起和下属关系的紧张，这对于领导者是很不利的。下属犯错误，这是领导者教育下属的最好机会，领导者应该以宽容的态度对待。

第四章

上根利器也，须当头棒喝

——探索培养人才的方法

性空，才无姓

佛祖与众生没有区别

心里只有一个『整齐』标准

不必谢我，这是你的劳动所得

水浸灵山亦通明，一炷高香常相伴

忍受雕琢之苦

你只会这一招就够了

你尚未体验自然的法则

不过一碗饭

琴弦有短有长，有粗有细

本性都是善良的

我是忍辱仙人

禅语不会说得太直白

性空，才无姓

【佛言今释】

这句话是五祖禅师在小时候回答四祖禅师的一句话。可见五祖禅师从小就慧根极深。这句话告诉我们，不要太在乎刻意的安排，虽然我们不能选择自己的出身，但是这些都不重要，我们可以活得非常精彩，别把命运的安排当成沉重的包袱。

【品读故事】

在四祖禅师年轻的时候，曾经在寺院当中说禅论法，结果吸引来了很多听禅的人。多年之后，禅师发现自己的年龄已高，于是便有心寻找一个传扬禅法的入室弟子。

但是，他发现那些前来听禅的人往往仅仅只是因为羡慕禅法而来，听完之后就离去了，哪怕是寺院里的侍者，也往往只是听，从来不知道觉悟，所以这些人都不是理想的人选。就这样，禅师决定离开寺院，一边游行天下，一边去寻找有慧根的人，将来来传承自己的法嗣。

有一天，他来到了黄梅县。在匆忙赶路的时候，他无意中看见一户穷人家的孩子正巧在路边坐着。

这小孩尽管脸上全都是饭粒，但是却并不忧虑，而且骨相奇秀，可以说是异乎常人。于是四祖禅师忍不住问那个小孩子："孩子，你姓什么啊?"

小孩儿听完四祖禅师的问题居然毫不怯生，抬头看着禅师的脸，口齿伶俐地回答说："我的姓肯定是有的，但是我可不是寻常的姓氏。"

四祖禅师对孩子的回答非常感兴趣，紧接着问道："那么孩子，你到底姓什么呢?"

“我佛性。”

四祖禅师心想，一个小孩子居然也懂佛性，于是就决定考一考他，问道：“佛是没有性的。这么一说，难道你也没有姓了？”

结果四祖禅师没有想到这个小孩儿居然说出了一句惊人的话语：“性空，才无姓。”

四祖禅师听完之后大喜，这个小孩不就是自己苦苦寻觅的，最为理想的继承人吗？于是，禅师和孩子来到他的家中，希望孩子的父母让他出家为僧，于是这个孩子就成为后来的五祖禅师。

【滴水禅思】

作为领导者，在培养接班人的时候一定要选择有悟性的人，特别是有领导潜能的人才。因为这样的人才更容易得到培养，更容易获得进步。而那些对领导岗位没有什么兴趣的人，可以往其他方面培养，没必要非要赶鸭子上架，否则就是得不偿失了。

佛祖与众生没有区别

【佛言今释】

很多人自己看不起自己，认为自己渺小，小，并不一定没有用，小的威力其实更大。所以，小人物千万不要自暴自弃，更不要感慨自己渺小，小小的星火都可以燎原，更何况是我们无边的心灵。只要不断进取，不懈努力，一定会到达成功的彼岸。

【品读故事】

有一个人，曾经为著名的南阳慧忠国师做了二十多年的侍者。南阳慧忠国师看这个人一直任劳任怨，对自己忠心耿耿，于是就想对他进行点化，让其早日开悟。

有一天，南阳慧忠国师像平常一样喊道："侍者。"

侍者听到南阳慧忠国师的喊声，以为国师有什么事情需要自己帮助，立即赶到，"国师，您找我有什么事情吗?"

南阳慧忠国师听到了这样的回答，感到非常无奈，于是说道："没有什么需要你做的。"

就这样，又过了几分钟，南阳慧忠国师再一次喊道："侍者。"结果，这一次侍者和上一次一样，依旧认为国师有什么事情需要自己帮忙。

南阳慧忠国师再一次回答说："没有什么事情需要你做。"就这样反复了好几次之后，南阳慧忠国师突然喊道："佛祖！佛祖!"

侍者这一次也听到了国师的喊叫，但是他非常不解，于是开口问道："国师，您这是在叫谁啊?"

南阳慧忠国师发现他非常的愚笨，于是无奈地说："我就是在叫你啊!"

此时侍者还是不明白，于是继续问道："国师，我不是佛祖啊，我是您的侍者啊！您今天是怎么了?"

南阳慧忠国师看到侍者如此不容易教化，于是就说道："也罢，也罢，并不是我不想提拔你，而是你实在是太辜负我了。"

侍者听到这句话后吓了一跳，赶紧说道："国师，不管到了什么时候，我永远都不会辜负您的，我永远都是您忠实的侍者，任何时候都不会改变。"

到了这时，南阳慧忠国师的目光已经暗淡了，他想，为什么侍者没有自己的主见，没有自己的想法，难道他感受不到自己的心跳吗？难道他不知道自己生命的存在吗?

突然，南阳慧忠国师说道："还说你没有辜负我。其实你已经辜负我了，我对你的用心良苦你却一点儿也不明白。你一直都只承认你是我的侍者，但是你却不承认自己是佛祖。其实佛祖和芸芸众生没有任何区别，为什么芸芸众生无法成为佛祖，就是因为他们不承认自己是佛祖。”

【滴水禅思】

领导者确实有这样的下属，他们言听计从，领导说什么，就去做什么，默默无闻、踏踏实实地完成着领导布置的任务。但是，他们却没有审视过自己，没有正确对待过自己的价值，到头来只能让自己一辈子都平庸。而领导者，一定要引导下属学会审视自己，发现自己的价值，从而在工作岗位上发挥更大的价值，作出更大的贡献。

心里只有一个“整齐”标准

【佛言今释】

有很多人认为凡事的评判标准只有一个，殊不知这种理解是片面的，标准也应该与时俱进，一些过时的标准，陈旧的准则如果已经不能够适应现在的需求，那么就应该及时改进，甚至废弃不用，真正的评判标准要能够经受得住历史的考验，要具有与时俱进的品质。

【品读故事】

有一个小和尚，他是一个闲不下来的人，总是要花费大量的时间去收拾房间，而且收拾干净了还不够，还要把禅房里的每一件东西都整整齐齐地摆放一遍。他每天都在不停地收拾，好像总也收拾不完一样。

直到有一天，这个小和尚有一些不耐烦了，他跑到寺院的禅房，对着正在打坐的慧能大师抱怨道：“师父，为什么总是有那么多的东西被弄乱了呢?"

慧能大师听完之后问道:"孩子,你的这个乱字主要指的是什么呢?"

小和尚听完之后说道:"就是不够整齐啊。您看看我的屋子,什么东西都是摆放得规规矩矩的,而且我的物品也总是放在固定的地方,很少有过改变。可是您看,我刚刚才把禅房收拾得整齐干净,现在又变得凌乱了。"

慧能大师听完之后笑了笑问道:"徒儿,如果我把禅桌朝外面拉一些,你觉得如何呢?"

小和尚目测了一下,非常痛快地回答说:"这样一点儿都不好,这样就破坏整个禅房的空间美感了。"

随后,慧能大师又问道:"那么,如果我把禅桌移动到东面的墙角下,是不是就不会破坏美感了呢?"

小和尚听完之后回答说:"这样又会影响到禅房的整体布局。"

"那我如果不要禅桌了,把它摆放到其他的房间呢?"慧能禅师继续问道。

小和尚听完之后,非常无奈地说道:"那样这个房间就会变得空空荡荡,没有禅室的感觉了。"

这个时候,慧能大师笑着对小和尚说道:"徒儿,其实很多东西并不是容易乱,而是在你的内心定义的'整齐'标准只有一个。禅桌放在哪里都可以算得上是整齐,但是在你的心中,你认为禅桌只有放在你觉得整齐的地方才算整齐,不然的话就是凌乱了。"

【滴水禅思】

做事情自己心中有标准固然是很好的,但是如果每一个领导者都把心中的标准强加给别人,那么势必会引来纠纷。其实,聪明的领导者应该自己有标准,也允许别人有其他的标准存在,让下属发出不同的声音,并且要试着尝试和接受这些不同的标准。

不必谢我，这是你的劳动所得

【佛言今释】

度人必须度心，禅师是想让乞丐明白，真正的财富是必须依靠自己的双手创造的。绝大多数人对世间的金钱、名利都有欲望，太注重金钱和名利是永远得不到真正的生命之光的。

【品读故事】

天色已晚，在灵隐寺的门口有一位刚从外面云游回来的禅师，在他刚准备进寺院的时候，遇见了一个乞丐。这个乞丐只有一条手臂，他告诉禅师，自己已经有好几天没有吃饭了。

禅师听完之后，并没有立即给他食物，而是指着寺院前面的那一堆砖头说："你把这些砖头搬到后院去，做完这些事情我就会给你取斋饭。"

乞丐听完之后非常生气，认为禅师是不想给他饭吃，于是就说道："我就一只胳膊，怎么搬呢？你不愿意给就直说，没必要为难我。"

禅师听完之后什么话也没有说，把自己的一只手放到了背后，开始用另外一只胳膊搬砖头，说道："我可以做到，你也能。"

乞丐看完之后什么话也没有说，也开始搬砖头。好在门前的那堆砖头并不多，没到半个时辰，乞丐就搬完了。禅师把乞丐带到寺院中，让乞丐洗漱干净，并且给他端来了热腾腾的斋饭，还留其住宿。

第二天一大早，乞丐打算告别，此时他已经没有了之前的抱怨，他在临行前去报答禅师，禅师却说道："你不用谢我，这是你的劳动所得。"

又过了几天，又有一个乞丐来到了寺院门口，禅师这一次还是和之前一样，让这个双手健全的乞丐把后院的那堆砖头搬到寺院门口，才给他斋饭。但是这一次，这一个双手健全的乞丐却不屑地走开了。

弟子们看见了，都非常不解，于是问道："禅师，上一次您让那个乞丐把砖头从前门搬到后院，这一次又让这个乞丐把砖头从后院搬到前门，您到底想把砖头放在哪啊?"

禅师说："其实砖头放在前门和后院都是一样的，但是搬与不搬对于乞丐是不一样的。"

就在几年之后，灵隐寺接到了一位大财主的赞助，寺院得以全部翻修一新，寺院中的佛像也重新塑造，而这位赞助者，就是当初那一个断了臂的乞丐。

原来自从禅师让那个乞丐搬完了砖头之后，他就开始做起了力所能及的事情，依靠自己的努力终于获得了巨大的成功，成为一名大富豪，而那一个双手健全的乞丐，直到现在还在灵隐寺门口乞讨。

【滴水禅思】

作为领导者，我们在培养人才的时候，一定要引导其树立"勿以善小而不为，勿以恶小而为之"的观念。很多事情，不要不屑去做，想要成就一番事业，就必须要有踏踏实实的做事精神，千万不要看不起所谓的小事情，通常细节更能够看出一个人的综合素质。

水浸灵山亦通明，一炷高香常相伴

【佛言今释】

这句话是海帆方丈在回答宝通和尚提问时说的一句话，当时宝通和尚并没有理解这句话的意思。其实海帆方丈是想告诉宝通和尚，做任何事情都需要踏踏实实，坚持不懈，只有这样才能够获得成功。

【品读故事】

有一位修行了多年的宝通和尚，他马上就要去一座新修的寺院里面做住持了。

在临行之前，他向自己的老法师海帆方丈请教："佛海无涯，何日才是归期？人生有限，哪天才能成活佛？"

海帆方丈听完之后，微笑着答道："香火不断，水浸灵山亦通明，天天是归期；风雨飘摇，一炷高香常相伴，即刻成活佛。"

宝通和尚到了新修的寺院之后，便把敬佛上香作为头等的大事来抓，他的禅房和卧室里，经常是高香常明，及时续接，从没有让香火断过片刻。哪怕是自己外出化缘，他也是手持高香，从来没有间断过。

但是，三年的时间过去了，宝通和尚感到自己的道行还是没有明显的长进，于是返回了故庙，打算再一次向海帆方丈求教。可是，当他手持高香刚刚踏入海帆方丈的禅房之时，海帆方丈已经端坐在那里圆寂了。

此时，一滴清泪悄悄地从宝通和尚的眼角滑落下来，正好滴落在了他手中拿着的香火之上，只听"哧啦"一声，宝通和尚手里的香火就灭了。

宝通和尚出于对师父的尊重，他此时又在自己的心底为海帆方丈点上了另外一炷更加旺盛的高香。而且，此时的他马上想到了海帆方丈曾经说过的话，也意识到，只有心中虔诚的香火才能够"水浸灵山亦通明，一炷高香常相伴"。

这个时候，他终于开悟了。

【滴水禅思】

不管是什么事情，心中的挚爱、虔诚和持守，这些才是最真实和最长久的。在工作当中，一些外在的形式并不是最重要的，作为领导者，只有心怀挚爱、虔诚和持守之心去进行工作，才会得到下级的认可，才能取得更圆满的业绩。

忍受雕琢之苦

【佛言今释】

大浪淘沙，百炼成金。雕琢可以让一块普普通通的石头变得更加完美，而唯有忍受雕琢的痛苦才能够成就大器。所以，经受得住苦难，这才是我们每一个人放出生命光彩的锤炼之道。

【品读故事】

很久以前，某地建造起一座规模宏大的寺院。完工之后，寺院周围的信徒们来到庙中，每天祈祷佛祖能给他们送来一个最好的雕刻师，能够雕刻一尊最完美的佛像给大家供奉。于是，如来佛派了一位非常擅长雕刻的罗汉化身成为雕刻师来到人间。

雕刻师在两块上等的石料当中选好了一块质地上乘的石头，开始雕刻。但是，让他没有想到的是，他刚刚拿起凿子凿了几下，这块石头就说起疼来。

此时雕刻的罗汉就劝石头道："你不经过我的雕刻，永远都不会成为一块宝贵的石头，你还是忍一忍吧。"

可是，石头等罗汉的凿子再次敲打到身上时，又开始大喊："痛死我了，痛死我了。求求你，还是放过我吧。"没有办法，罗汉也实在不忍心再雕刻这块石头，就只好停止了手头的工作。

于是，罗汉只有选择了另外一块质地不怎么好的石头。虽然这块石头质地不好，但是由于这块石头被罗汉选中了，所以石头从内心深处感激罗汉，与此同时，它对于罗汉的手艺也是深信不疑，相信自己一定能够变成一块美丽的石头。因此，这块石头任凭罗汉雕琢，没有叫喊一声。它就是以这样的坚强毅力挺了过来。

这位罗汉雕刻师知道这块石头的质地不好，所以在雕刻上更加仔细，更加卖力。

过了不久，一尊庄严肃穆、气势宏大的佛像屹然矗立在人们的面前，大家在惊叹之余，小心翼翼地把其放在了佛坛上。

从此以后，这座寺院的香火非常旺盛，香火不断，人流不息。而为了能够方便信徒们前来敬香礼佛，那块质地优良的石头，最后被人们用来铺路了。它当初无法忍受雕刻师的凿子，但现在却忍受着人们踩踏、车马碾压的痛苦。而当它看见当初那块先天条件要比自己差很多的石头居然成为一尊气势宏大的佛像，被人们供养着，心中更不是滋味。

日子一天天过去了，有一次如来佛来到此地，这块石头愤愤不平地问道："佛祖啊，您为什么如此不公平呢。我的条件这么好，但是您却让那块质地不如我的石头接受着人们的供养。"

如来佛听完之后笑着说道："你说得没错，它的质地是不如你，但是你却无法忍受当初一刀一锉的痛苦，你既然无法忍受，也就没有它那么好的命了。"

【滴水禅思】

当我们在培养人才的时候，首先要培养的就是他的吃苦精神，坚持不懈的意志。做事情最忌讳的就是三天打鱼两天晒网，只有坚持不懈，踏实努力，才能够获得成功，才能够学以致用。

你只会这一招就够了

【佛言今释】

师父引导在前，徒弟听从在后。师父能够巧妙地把徒弟身上的缺点变成优势，不能不让我们佩服。实际上，最重要的不是强求把一些东西教授给对方，而是要根据实际情况，学会接受下属身上的一些不足，并且去发现下属的其他优点。

【品读故事】

曾经有一个男孩子，在四岁的时候因车祸失去了右臂，随着他逐渐长大，他喜欢上了柔道，并且一心想要学习。

当家里人、朋友们知道这一消息之后都极力劝阻，因为他的身体本身就存在缺陷，学习柔道的动作就已经很难了，还要与别人进行身体上的接触，这简直是太离谱了，还是学习一些简单的，不需要与别人身体接触的安全运动为好。

但是他就是不听，最后还拜了一位资历深厚的柔道大师做师父。

师父在教给他一些最基本的动作之后，只教给他一招制敌的招式，他心中有一些着急，而就在一次练习结束之后，他请教师父道："师父，这一招我已经练会了，您是不是可以教我其他招数了？"

师父听完之后非常坚决地回答道："确实，你现在已经把这一招练会了，但是你也只需要会这一招就足够了。"

他听完师父的话内心有一些难受，但是还是听从了师父的话，把这仅有的一招练习得更加娴熟。

后来有一天，师父带着他去参加一年一度的新秀柔道大赛，让人没有想到的是，他居然轻轻松松就进入了决赛。

决赛中他的对手是一个出招快、准、狠的厉害家伙，当时观战的朋友们都为他捏了一把汗，但是他的师父却给予了他鼓励的目光，让他有信心战胜对手。

第一回合的比赛开始了，在对手迅猛的攻击下，他只能够小心翼翼地招架着，根本没有还手的机会，而且早已经大汗淋漓。场上的裁判看出来了，于是关切地问他是否需要放弃比赛，但是他却坚决地说："不，我要把比赛进行下去。"

其实在对手的心中，也开始出现了波动的情绪，他没有想到一个失去了右臂的人居然动作如此敏捷与灵活，本打算不费吹灰之力就解决掉的，可是现在却成为一个大麻烦。这一回合，自己虽然没有什么损失，但是也没有占什么优势。

比赛再一次开始，这一次对手有些着急，步伐开始慌乱，他看准了时机，使用了自己唯一会的一招，一下子就把对手制服，最终取得了冠军。

全场的人都站起来为他鼓掌，一个失去了右臂的人居然能过五关，斩六将，获得最后的冠军，这不能不说是一个奇迹。

而他的父母早已经无法掩饰激动的心情，泪水湿润了眼眶。

在回去的路上，师徒二人坐在车上分析比赛的过程，师父耐心地帮助他分析比赛中的应对情况，这时，他忍不住问了心中一直疑惑的问题："师父，我为什么只需要这一招就可以战胜那么多的对手呢？"

师父告诉他："第一，这是柔道当中最难的一招，你已经把它练习得炉火纯青，只要看准时机，适当发力，必然让对手没有反扑的机会；第二，根据我练习柔道这么多年的经验来看，想要破除你这一招，那么唯一的方法就是抓住你的右臂。"

【滴水禅思】

我们在培养人才的时候，要根据人才的客观实际教授其切实可行的方法，正所谓："授人以鱼，不如授人以渔。"空谈一些理论是没有多大意义的，一定要把理论与实践相互结合，联系起来，只有这样才能学以致用。

你尚未体验自然的法则

【佛言今释】

大千世界，万事万物都有其特定的规律，而且有一些规律是看不见、摸不着的，但是这并不代表它不存在。我们应该学习如何认识规律，如何尊重规律，并且巧妙利用规律来为我们服务。

【品读故事】

有一天，一个年轻人哭哭啼啼地来到佛陀的面前，佛陀问道："年轻人，你怎么了？"

年轻人回答说："我的父亲昨天去世了。"

佛陀继续说："那怎么办呢？既然你的父亲已经去世了，那么你哭泣也不能够让他起死回生啊！"

年轻人说道："是的，这些我都明白，哭是不可能让父亲活过来的，但是我想请您给我父亲做一些事情。"

佛陀问道："我能够为你死去的父亲做一些什么呢？"

年轻人说道："请您想想办法吧。您能力这么强，一定可以做得到的。您看人间的很多巫师、术士都会为死者举行某种仪式，听说只要在人间举行某种仪式，那么通往天堂的大门就会打开，死者就能够进入到天堂，不会饱受地狱之苦。佛陀啊，请您为我的父亲做一场法事吧，这样他就不会受到炼狱的折磨，能够永远地在天堂里享受极乐。”

这个年轻人悲痛欲绝，于是佛陀决定换一种方法来点化他。佛陀说：“好吧，你先去市场上买两只壶。”

年轻人非常高兴，以为佛陀答应了他的请求，于是赶紧买来了两只壶。佛陀说道：“非常好，你先把一只壶里面装满奶油。”年轻人照做了。“在另一只壶里面装满小石头。”他也照做了。“现在你把壶口封住。”他封好了。“现在你把它们都丢到水里去。”年轻人也照做了，就这样，两只壶都沉到了水底下。

佛陀又说道：“现在你去拿一根大木棒来，把这两只壶敲破。”年轻人心中非常高兴，认为这是佛陀在为他的父亲作法事。

就这样，年轻人按照佛陀的指示，拿着木棒敲破了两只泥壶。于是其中一只壶里面装的奶油立即就浮了上来；而另外一只壶里面的小石头也散了出来，沉到了水底。

之后佛陀说道：“年轻人，好了，我所能够做的也就是这样了。现在你把那些巫师、术士全部请来吧，让他们祈祷‘石头浮上来，浮上来。奶油沉下去，沉下去’！让我们看看会有什么事情发生。”

“佛陀，您这是在开玩笑吧。这怎么可能呢？”石头比水重，只会沉到水底，而奶油比水轻，它只会漂浮在水面上，这些是自然法则啊。”

佛陀听完之后，笑着说：“年轻人，你对自然法则了解得不少，但是你还没有真正体验过自然法则。如果你的父亲一生的所作所为就像石头一样，那么他必定会坠入恶道，谁还能够让他上升呢？但是，如果你的父亲一生都是帮助别人，心存善念，那么他肯定会上升进入善道，谁又能够让其下降呢？”

【滴水禅思】

有很多规律我们是不能够去破坏的，但是我们却能够认识和利用它们，从而学会顺应它们，让它们为我们所用。只有这样，事情才会朝着利于我们的一方发展，反之，我们总是想要去破坏规律，征服规律，那么到头来只能是死路一条，彻底失败。培养人才也是如此，一定要明白人才的发展规律，只有懂得顺其自然，才能培养出优秀的人才。

不过一碗饭

【佛言今释】

“不过一碗饭”的相同引导，却出现了两种不同的生活方式。其实，转弯是一种高超的艺术，而所谓的殊途同归，都是在为了寻找生命当中的快乐和意义，那么又何必非要走同样的一条路呢？适当的转弯，换一条路走走，这不能说是绝地逢生，但是也能够在陌生的地方领略到更加美丽的风景。

【品读故事】

有两个工作非常不顺利的年轻人，相约一起去拜访一位禅师。“大师，我们最近工作、生活总是不顺心，在办公室被别人欺负，每天过得非常痛苦，希望能够得到您的开示，我们两个人是不是应该辞掉工作？”

禅师听了年轻人的问话，并没有急于回答，而是双眼紧闭，双手合十，静坐在那里。过了好长时间，禅师才轻轻地说道：“只不过是一碗饭。”说完这句话之后，就示意两个年轻人走了。

两个年轻人回到了公司，其中一个人辞掉了工作，回家种地；而另外一个人则留了下来。

一转眼10年时间过去了，回家种地的年轻人现如今已经到了中年，但是他利用现代的种植技术，居然成为农业专家了。而当初留在公司的年轻人也获得不小的成就，他通过不懈的努力，现在成为公司的经理。

有一天，他们两个人相遇了，当两个人了解了彼此的情况之后，开始感慨起来。其中农业专家说道："真是奇怪，当时大师和我们说的是同样的'不过一碗饭'这五个字，我听完之后就懂了，不过就是一碗饭而已，日子有什么难过的？为什么非要待在公司呢？于是我回到公司就辞掉了工作。"紧接着，农业专家笑着问道："你说你当初为什么没有听大师的话呢？"

经理说道："我听了啊。大师说'不过是一碗饭'，再受气，再劳累，都仅仅只是一碗饭而已，我也不过就是混一碗饭吃而已，于是老板说什么就是什么好了，我自己也少赌气，更不要斤斤计较。难道大师当初说的不是这个意思吗？"

两个人更加不解，于是相约再一次前去拜访大师。当大师听完了二人的话后，只是开口轻轻地又说出了五个字："不过一念间。"之后，又挥了挥手，让两人离开了。

【滴水禅思】

当我们在培养人才的时候，需要讲授的不仅仅是方法，更需要告诉他们原理。就好比是在战场上打战，为什么有的时候需要猛烈进攻，而有的时候就需要采取迂回战术。对于很多方法的运用，我们必须灵活，要实事求是，千万不能够犯教条主义的错误。

琴弦有短有长，有粗有细

【佛言今释】

正所谓事物各有长短，书生可以侍奉君主，却不能够驰骋战场。其实在这个世界上，每一件事物都不是完全相同的，各有其缺点，也各有其优点，这是自然界的法则，我们没有必要过于执着，只要能够利用优点，改正缺点即可。

【品读故事】

春秋时期，晋国有一位著名的乐师叫师旷，他天生没有眼睛，所有人称盲臣，也有人称其为瞑臣。

师旷不仅擅长弹琴，而且还通晓南北方的民歌和乐器。据说，在当时，只要师旷弹琴，马儿都会停止吃草，开始仰头倾听；觅食的鸟儿也会停止飞翔，甚至被师旷优美的音乐所吸引，把口中的食物都丢掉。

晋平公发现师旷有如此特殊的本领，于是就封他为掌乐太师。

有一次，晋平公还专门请人为师旷打造了一架特殊的琴，这架琴不仅琴弦的长短一样，而且粗细也是一样的。琴做得非常漂亮，在上面还精心雕刻了很多图案，甚至镶嵌有珍贵的宝石。

可是，当师旷试琴的时候，却怎么也无法弹出美妙的音乐。于是师旷就开始仔细抚摸这架琴，不禁自问："难道每一根琴弦都是一样的吗?"

正好这句话被晋平公听到了，于是回答说："是啊，像这样一架精致的琴，在这个世界上也是独一无二的吧。可惜乐师你的眼睛看不见，不然你一定会对这架琴的完美吃惊不已。"

但是，师旷却摇了摇头，表情很是凝重地说道："大王，您错了。一架琴，之所以能够弹出美妙的音乐，就是因为它上面的琴弦有长有短，有粗有细。可以说每一根琴弦都有各自的作用，大弦为主，小弦为辅，二者相互配合，这样才会弹出美妙的音乐。”

说完这句话，师旷吩咐人抬出他之前所用的旧琴，只见师旷的手指轻轻地在琴弦上划过，一段美妙动听的音乐瞬间跃出，进入耳郭，听者无不感到身心爽朗。

【滴水禅思】

作为领导者，在对人才的培养过程中也要做到因材施教。千万不能够千篇一律，因为每个人的特长、悟性等各方面条件是不同的，如果在培养人才的过程中不根据个人的特色，而是采用一刀切的培养方式，不仅会扼杀人才的成长，而且还会让人才的培养失去特色，对于人才的培养是非常不利的。

本性都是善良的

【佛言今释】

在这个世界上，没有不可以拯救的生命，更没有不可以教化的人才，所以我们不要轻易放过任何一个人，而且一定要学会包容他人，给予不同的人不同的帮助，不同的教育，只有这样，我们才能够帮助他们改过自新，也才能够帮助他们更好地找准自己在工作中的位置。

【品读故事】

有一天，一名信徒在佛殿中作完法事之后，闲来无事，就来到了花园散步，而他又恰巧遇到了负责园艺的和尚正在专心致志地修理着花草，只见和尚手里拿着剪刀，有的时候把枝叶剪去，有的时候又将花草连根拔起，并且将其移到另一个花盆中，有的时候，还会给一些马上要枯萎的花浇水、施肥，可以说和尚对花草照顾得无微不至。

这时，信徒走上前去问道："小师父，你既然是负责照顾花草的，可是你为什么要将好好的枝叶剪去呢，反而要给那些马上就要枯死的花草浇水、施肥呢？你又把花从这个花盆移到另一个花盆，你何必这么来回折腾呢？"

小和尚听完信徒的话之后回答说："其实照顾花草就和我们教育子女一样。"

信徒听完之后，觉得小和尚说话过于夸大，很不以为然地说道："花草是花草，人是人，二者怎么能够相提并论呢？"

小和尚此时头也不抬地说道："照顾花草，必须将那些看起来枝繁叶茂，但是生长错乱、不合规矩的花的枝叶剪掉，因为只有这样才能够避免它们过多地吸收养分，而且，这样花枝才能够更好地成长，这就好像是如何来收敛年轻人的气焰一样，只有把他们的恶习改掉，他们才能够健康的成长。你看我有的时候把花从这个盆里连根拔起，移到另一个盆中，其实就是为了让植物离开贫瘠的土壤，能够接触到新的肥沃的土壤。而这就好像是让年轻人抛开环境的限制，到其他地方去接触良师益友一样，因为只有这样，他们才能够得到更多、更好的学问。

"虽然有的植物看起来已经枯萎了，但是在它们的体内却还蕴藏着无限的生机，而我给枯萎的植物浇水、施肥，目的就是为了救活它们。只要我们能够细心地照顾它们，经常给它们松松土，它们就可以健康成长，因为，在土壤当中，可能还会有很多等待发芽成长的种子。

"这其实就和我们平时教育人一样，千万不要认为误入歧途的人都是无可救药的，从而就放弃了这些人。其实每一个人的本性都是善良的，只要我们能够悉心爱护他们，真心帮助他们，那么他们就一定能够走出歧途。"

【滴水禅思】

作为一名领导者，我们必须明白，天底下没有不可教化的人才，很多时候不可教育的人只是因为我们还没有掌握对其进行教育的方式，所以领导者在培养人才的时候，千万不要轻易放弃，一定要找准他们的方向，对其进行合理对路的培养。

我是忍辱仙人

【佛言今释】

在这个世界上，最大的爱并不是去救助那些善良的人，而是学会去感化那些卑劣的人，因为，这些人更需要被我们拯救。当我们在面对一个罪孽深重的人的时候，我们必须学会用一颗怜悯心去接纳他，千万不要远远地躲着他，更不可以抛弃他。

【品读故事】

在很早之前，有一个在深山中修行的行者，他每天只是靠些野果来充饥，由于他不断地用功修行，因此身心清净。

有一天，国王带着一支队伍到深山中打猎，他们当时正在追踪一群野鹿，恰巧就遇到了修行者。于是国王便向修行者询问野鹿的去向，这个时候修行人心想：如果我把答案告诉国王，不就和他一样残忍了吗？但是如果我不说的话，就犯了欺君之罪。

国王见到修行者沉默，认为这是修行者不尊重自己、藐视自己，顿时气愤万分，便问道：“你是谁啊？居然这么大胆，没听见我在问你话吗？”

修行者如实地回答说：“我是忍辱仙人。”

国王听后更加生气地说道：“既然你说自己是忍辱仙人，那么我今天倒要看看，你忍不忍得了这份耻辱。”说完国王就拔出了刀，瞬间把修行者的右手给砍了下来，只见鲜红的血液立刻从修行者那只被砍断的手臂上流了下来。

可是，这个时候修行者根本就没有理会自己手上的伤痛，当然更没有表现出对国王的一丝仇恨，而是带着思考的表情说道："我上求佛道，与世无争，国王对我都能够下得去手，更何况对您自己的子民呢?"于是修行者在心中暗暗发愿：有朝一日，我修成正果以后，一定要先来度化国王。

这个时候国王看见修行者居然不畏惧痛苦，觉得非常奇怪，但是也多了一分愤怒，便再次挥刀向他砍去。

而就在这个时候，忽然天地震动，众神愤怒，都打算出来惩罚这个性情残暴的国王，但是修行者这个时候却劝说道："对于罪孽深重的人而言，我们更应该给予他们更多的宽恕和怜悯，而不应该远离或者是舍弃他们。虽然国王这样对我，但是在我的内心却更加同情他，就好像是一个母亲对自己孩子的感情一样，而且，在我的心中，从来都不曾有过对国王的仇恨，如果我所说的都是实话，那么就让我的身体立刻恢复原形吧。"

果然，当修行者说完这句话之后，他的身体立刻恢复到了之前的完整模样，毫无损伤。天上的众神和国王，以及国王的随从人员，对于修行者的这种大度慈悲之心，都非常的敬佩。

【滴水禅思】

当下属犯了严重的错误，甚至是影响到了整个团队业绩的时候，领导者千万不要在狠狠骂其一通之后，将其剔除到队伍之外。这样的做法是非常伤害下属自尊心的。如果下属的工作出现问题，领导者可以进行批评，但是批评不是目的，目的是要教育下属下次不要再犯同样的错误，只有这样，才能够激励下属不断进步。

禅语不会说得太直白

【佛言今释】

教育别人的时候可以不说破，给别人多留一些思考的空间，这样的方式要远远比强行进行思想灌输效果好得多。如果你总是对别人唠唠叨叨，不仅自己非常劳累，而且到头来自己不仅没有功劳，甚至还会引起别人的反感和抵触心理。

【品读故事】

良宽禅师是禅师中认真修行的模范，他一生认真修行，从来都没有松懈过一天，他的品格更是远近闻名，每个人都对他非常的崇敬。

当他老了的时候，从他的家乡传来了一个消息，说良宽禅师的外甥在家乡不务正业，家里面的财产马上就要被他挥霍完了。甚至这外甥有时候还会危害乡里，欺男霸女。因此，家乡的老百姓都希望良宽禅师能够大发慈悲，救救自己的外甥，更救一救自己的家乡人。

良宽禅师听到这个消息之后，不顾自己年事已高，星夜兼程，不辞辛劳，在最短的时间内赶回了自己的家乡。

良宽禅师与自己多年未见的外甥相见了，而这个外甥也早就听说自己的舅舅是一位大名鼎鼎的人物，心想这下子可以让自己在那些狐朋狗友面前好好显摆了，所以对于良宽禅师的到来感到非常的高兴，而且还特意设宴接待良宽禅师，留良宽禅师在家中过夜。

家乡的老百姓知道良宽禅师回来之后，当然也是非常的高兴，心想良宽禅师可以把这个不孝的外甥好好地教训一番了，而且最好能够劝其外甥回头，好好做人。

但是外甥这个时候却想，自己的舅舅可是著名的禅师，如果他真的是来教育我的，那么我可要好好地作弄他一下，这样在日后就可以更好地在自己的朋友面前摆摆谱了。

可出人意料的是，良宽禅师坐在外甥家的床上一夜都没有说话。外甥不知道他这个舅舅葫芦里面卖的什么药，于是就怀着惴惴不安的心情勉强地熬到了第二天天亮。

良宽禅师这个时候睁开了眼睛，打算穿上自己的草鞋下床离开，可是他弯下腰，却又把腰直了起来，而且不经意地回头看了看外甥说道："看来我真的是老了，现在做事情都开始两手直发抖了，穿鞋子都已经非常困难了。外甥，你能不能帮我把草鞋的带子系上呢?"

他的外甥听完之后，并不没有说什么，而是照办了。良宽禅师这个时候慈祥地说道："谢谢你，好外甥，年轻真是好啊。你看，当人老的时候，想做什么都不行了，也没有那个能力了，更不会像年轻的时候，想要做什么就做什么。你自己一定要好好地保重啊，趁着自己现在还非常年轻，一定要把人做好，更要把事业打好基础，千万不要等到自己老了，那个时候再做什么都来不及了。"

良宽禅师说完这些话之后就走了，而他根本没有对外甥的那些不良行为说一句批评的话。

但是，自从良宽禅师离开之后，他的外甥再也不花天酒地，横行乡里了，从此之后改邪归正，重新做人。

【滴水禅思】

有的时候，领导者需要给下属一些思考的空间，让他们学会自我反省，千万不要把下属逼得太紧，这样做其实是不利于下属成长和发展的。因为想要学到真正的东西，还是需要通过自己的思考，只有这样才能够真正获得知识，才能够真正理解所学到的东西。

第五章

大千世界内，一个自由身

——突破传统的领导观念

过于在乎自己的姿势
大鹏鸟一展翅能否飞越生死
错矣，错矣
长短相形，高下相倾
随喜、随喜
你的心地多好啊
退步原来是向前
出门在外，难免心情不好
把自己先放低
一撞化解一段恶缘
世上万物无常
人到矮檐下，一定要低头

过于在乎自己的姿势

【佛言今释】

一旦我们有了一个恒定的目标，并且能够把所有的注意力都放在这一目标上，那么我们才更容易找准自己的成功方向，更容易发挥自身的优势。否则，最后我们只会越来越偏离成功的航线，让自己迷失在成功的人生道路上。

【品读故事】

曾经有一位禅师，他不仅禅修非常好，而且还精通百般武艺，特别是射箭的艺术。他曾经在弟子的面前表演过很多次，弟子每一次都大为惊讶，并且表示自己今后如何苦练，也不可能达到禅师武艺的三分之一，于是大家都纷纷要求禅师能够教自己一些绝技。

最后，禅师把一些很基本的动作要领传授给了弟子们，并且告诉他们，只要能够熟练掌握，假以时日，那么便可以青出于蓝而胜于蓝。

但是不知道是什么原因，弟子们的成绩一直都不是非常的理想。

禅师感觉这件事情很是蹊跷，于是就有意和弟子们一起练习，时间一长，他就逐渐明白了弟子们的问题。

他选了一个大好的天气，把弟子们都召集起来，让他们再一次观看自己的示范动作。禅师这一次的示范和上一次明显不同，他除了从自己的包中拿出非常平常的弓、箭及用来做射击目标的布娃娃，还拿出了一条崭新的毛巾。

弟子们看见之后非常诧异，今天难道要表演新花样吗？

只见禅师还是和往常一样，把布娃娃挂在树上，自己倒退到50米以外的地方。紧接着他命令弟子把自己的眼睛蒙住，弟子不知道师父到底打算做什么，但是仍然按照师父的指示做了。

把这一切都做好后，弟子们都站在了师父的身旁，非常紧张地看着师父发功。只不过这一次师父的箭破天荒地没有射到靶子上，而是摇摇晃晃地栽到了地上。弟子们不知道到底发生了什么事情，更没有一个人敢上前和师父说话。

最后师父摘下了毛巾，问道："射中了吗？"

弟子们一个个你看看我，我看看你，最后有一个在平时很受师父宠爱的弟子走上前去战战兢兢地说道："师父，您没有射中，而且偏差还很大。"

禅师听完之后笑了笑说道："这就是我要教给你们的。"

弟子们哗然，"教给我们的？"甚至有的弟子还在心中说，睁着眼睛我们都射不好，更别说要蒙着眼睛射击了。

但是，还是有一个聪慧的弟子悟出了师父的意思，"师父，您是不是想告诉我们，如果我们看不见目标，那么就永远无法击中目标。"

禅师听完这个徒弟的话，冲着这个弟子颔首称赞，说："是啊。你们之所以练箭进步很慢，就是因为你们的注意力还没有集中到目标上面，而是过于在乎自己的射箭姿势。当然，我们的射箭姿势和技巧固然是非常重要的，但是比这些更加重要的是要对准自己的目标。"

【滴水禅思】

在传统的领导观念中，领导者往往喜欢按部就班地进行管理，甚至是按照上一级的要求进行管理，只要认为下属做事情达到标准就可以了。其实，这样是不妥的，在领导者的心中一定要有长期的目标和近期的目标，这样才能把握好大局，掌握好前进的方向，领导也才会变得更加有意义，更加有价值。

大鹏鸟一展翅能否飞越生死

【佛言今释】

广圄禅师说的这句话，是对学僧道岫的点拨，人生来是平等的，没有谁比谁优秀，而所谓的优秀，都是在后天出现的。所以，千万不要在与人比较的过程中迷失了自己，这样是非常可怕的。

【品读故事】

相传有一个学僧道岫，他一心向佛，于是便下定决心离家去拜访大师。但是道岫苦心修行了十几年，却始终没有悟出什么禅理来。他眼看着后来的一些师弟，一个个都已经悟道出师了，内心非常着急、烦恼，怪自己的脑袋为什么这么笨，始终不得开悟。

思前想后，道岫觉得是因为自己的头脑太不灵活了，因此才无法入门，无法开悟。就这样，他不想再苦苦修炼下去了，于是决定去做一名苦行僧，去各地云游。

这一天，道岫收拾好了行装，准备去云游。在临走之前，来到了法堂，向广圄禅师辞行。

道岫跪在广圄禅师的面前，说道："师父，学僧自从皈依到您的座下，习禅、参禅已经有十多年了，但是我实在是太愚笨了，始终悟不出一点儿东西来，我觉得自己可能真的不是一块学禅的料，还请师父允许我到四处去云游吧，我今天是特地来向您老人家告别的。"

广圄禅师听完之后感到非常惊讶，于是问道："难道你在这里不觉悟，到了其他地方就可以觉悟了吗？莫非是因为老衲的功力不够，或者是老衲传授的方式不对吗？"

道岫听师父如此讲话，急忙解释道："不不不，这不是师父的错误，我想还是我自己的问题，我可能与禅没有缘分吧。我眼看着师弟们一个个都已经开悟出师了，可是不管我多么努力，多么用功，还是无法开悟，心中实在难受得很。师父，请您答应我的请求吧，还是让我去做一名苦行僧吧，这样我的心中还会好受一些。"

广圃禅师听完道岫的话，并没有说什么，直接起身领着道岫来到院子的外面。此时，在院子外面的树枝上面正好有几只叽叽喳喳的小麻雀。而这个时候，天空当中正好有一只大鹏鸟展翅飞过，忽然之间就不见了，而麻雀也被大鹏鸟的翅膀扇得几乎偏离了树枝。

道岫看到这些更加沮丧，用手指着树枝上面的麻雀辩解道："师父，您不知道嘛，我和师弟们一比较，就好像是小麻雀见到了大鹏鸟，我的心里真的是非常惭愧的！"

广圃禅师又问道："那么你说说看，大鹏鸟是如何的大？小麻雀又是怎样的小呢？"

道岫答道："大鹏鸟只需要轻轻地一展翅，就能够飞出几百里，可是我不管怎么去飞跃，也只能够飞出几丈而已。大鹏鸟此时早已经到达了目的地，可是我还在徒劳地忙碌着。"

广圃禅师听了道岫的话，意味深长地说道："大鹏鸟一展翅就能够飞出好几百里，但是它到底能不能飞越生与死的界限呢？"

道岫听完了广圃禅师的这句话之后默然不语，于是解开自己的行囊，从此再也没有提过云游的事情。

【滴水禅思】

其实人生来都是平等的，领导者与下属，也仅仅只是行政级别上的差异。有的时候，下属的优秀品质是需要领导者去学习的，领导者千万不能有妒忌心理，一定要懂得学习这些优秀的品质，让自己的工作更加出色，否则，很容易在优秀的下属中迷失领导的方向。

错矣，错矣

【佛言今释】

一两米这是一个定量，但是如何把这一两米制作成为不同价值的米，就需要我们的功力了。但是，把米用于做粽子，还是用于酿成美酒，更需要我们的眼力，所以，发挥的才能不同，那么得到的价值也不一样。

【品读故事】

在白马寺中有一个小和尚，他每天都要和柴米油盐打交道，也喜欢乐善好施，帮助一些生活有困难的人。

有一天，一个看起来得道的高僧吃完了他准备的饭菜之后，问了他一个问题："小和尚，你知道一碗米有多少钱的价值？"

小和尚回答说："在市面上，三文钱一两米，一碗饭有二两米，等于六文钱的价钱，再加上人工和柴米油盐方面的费用，不会超过十文钱。"

"错矣，错矣。"高僧连连说道。

小和尚一下子迷惑了，他心想：没错啊，我天天都去集市买米，怎么会有错呢？

于是小和尚带着困惑找到了师父，希望师父能够开示。

师父听完之后笑了笑说道："徒儿，这一碗米的价值，并不是完全指的是物质的价值，而是要看这碗米在谁的手中。如果是在一个家庭主妇手中，那么她肯定会往里面放入一些水，用锅一蒸，用不了半个小时就会蒸出一碗香喷喷的米饭来，那么这就是十文钱的价值。但是，如果这碗米到了一个精明的商人手中，那么他只需要把米泡一泡，发一发，可以分成好几堆，并且把这些米做成粽子，那么就可以值五十文的价钱。如果再有一个眼光更加长远的商人，把这些米适当发酵，再进行加温，酿造成酒，那么它的价钱就更高了，可能会达到一两银子呢！”

小和尚听完师父的话，终于明白了其中的道理。

【滴水禅思】

作为一名领导者，对自己的下属一定要全方位地了解，千万不要盲目否定，更不要仅仅依靠第一印象来判断一个人。每个人都有自己的优势和长处，也许在这个岗位上无法发挥出来，但不代表在其他岗位不能实现，要多给下属机会，充分发挥其潜力。

长短相形，高下相倾

【佛言今释】

这一位小师父不能不说是一位智者，正是因为他对水桶的细缝加以利用，最后还安慰了水桶那自责的心。在这个世界上，没有完美的事物，就是因为这些不完美，才赋予了我们去发现更多的价值，这个世界也才变得更加多姿多彩。甚至你的不完美，在有的时候也会成为你的强项。

【品读故事】

有一位小师父，他在寺院里面负责挑水，使用的工具是一根扁担，两个水桶。但是其中有一个水桶有一些损坏，底下有一条小细缝，每次从小河边挑水到寺院的厨房，总是会损失掉一部分的水。虽然小师父知道这个水桶有这样的毛病，但是却从来没有想过换一个崭新的水桶。

一年时间过去了，那一只完好无损的水桶问心无愧，因为它每天都可以尽职尽责地完成自己的光荣使命，所以它非常得意和骄傲。但是那一只桶底有一条细缝的水桶却开始感觉到有一些自惭形秽，非常难过。

有一天，在小河边上，小师父正好给两只水桶装水，破损的那一只水桶首先开口说道："主人，这一年的时间，我浪费了您太多宝贵的劳动力，我每次只能够为您保存一半的水，我心里非常难受，我今天想向您道个歉。"

小师父听完之后，非常诧异，说道："你怎么能够这么说自己呢？这么长时间了，你不知道你是多么的伟大，你今天回去的时候好好留意一下路边盛开的鲜花，你就会明白了。"

在回去的路上，这只木桶第一次认真地注意路边的风景，让它感到非常惊奇的是，路边全都开满了鲜花，在阳光的照射下，姹紫嫣红，美不胜收。木桶顿时被这美景陶醉了。

可是回到寺院后，这只木桶又开始难过起来，因为它的一桶水只剩下了一半。它再一次向小师父道歉。

小师父听完之后非常温和地说道："你在回来的路上不是已经注意到了路边那些盛开的花草了吗，它们已经走进了千家万户，成为最美好的装饰。而这一切，也正是因为你的桶底有细缝，学习漏出一点水才会每天为它们浇一些水，它们之所以能够茁壮成长，都是你的功劳啊！"

【滴水禅思】

领导者在工作中，一定要敢于突破传统的领导方式，对于团队的不足，团队成员的缺陷应该进行有效的利用，要有优势与劣势互相转化的意识。任何缺点都不是绝对的，在某些地方可能就成为优势。优秀的领导者必须具有这样的能力，发现团队当中的短板，并且能够把短板变成优势。

随喜、随喜

【佛言今释】

方丈的一句“随喜、随喜”，随，既不是跟随，是顺其自然，不怨怼、不躁进、不过度、不强求，随也不是随便，是把握机缘，不悲观、不刻板、不慌乱、不忘形。我们每个人都应该有一颗超然物外的平常心，能够洞察世界，看破一切，看透一切。

【品读故事】

一年当中的三伏天又到了，寺院里面的草地已经变得枯黄了。一个小和尚看见这凄凉的景色不免感伤，于是他着急地找到方丈，说：“师父、师父，草地上的草都已经枯死了，咱们赶紧撒一些种子吧！”

方丈说道：“不要着急，等到天凉吧！”

于是小和尚就整天盼着天气早点儿凉下来，终于等到了秋风瑟瑟的秋天的到来，他赶紧找到方丈，方丈交给小和尚一大包草种子，并且带着他到后院进行播种。

可是就在这个时候，风刮了起来，种子都被风给吹走了。

“这怎么办啊，师父，风把种子都吹走了，咱们损失了好多的种子！”小和尚非常着急地说。

“没关系的，被风吹走的种子大多数都是空的，即使咱们撒下了，也是不会生长的。”方丈非常沉稳地对小和尚说道。

就这样，师徒二人开始辛勤地播种，当二人刚播种完，又飞过来了几只麻雀，开始一点点地刨食草籽，小和尚看见之后又着急了，“师父、师父，不好了，咱们的种子都被麻雀吃了。”

"没有关系的，虽然有一部分草籽被麻雀吃了，但是麻雀的粪便留了下来，这样就会让这片土地更加肥沃，长出的草会又茂盛又鲜绿。"

到了晚上，天气突变，下起了倾盆大雨。小和尚看见白天辛辛苦苦种下的种子，现在都被大雨冲走了，心中非常着急，于是赶紧起来跑到师父的禅房中，叫醒师父："师父，雨下得太大了，咱们种的草籽会被雨水冲走的，这可怎么办啊?"

师父非常平静地说道："其实，不管草籽被冲到哪里，都一样会生根发芽的，孩子，少安毋躁!"说完之后，方丈继续闭门修养。

半个月的时间过去了，原来光秃秃的后院已经长满了鲜绿色的小草，小和尚看见这一切别提有多高兴了。他一脸的兴奋，赶紧把这一切告诉给师父。师父听完之后，微笑着点点头，说："随喜，随喜。"

【滴水禅思】

越来越关注以人为本的管理理念的今天，管理已经变得更加自由和灵活。再也不是过时的所谓强压式的管理。真正的管理应该是张弛有度，游刃有余，甚至在有的时候需要顺其自然，管理者不要过多干涉，这样反而能够使团队获得良性的运转。

你的心地多好啊

【佛言今释】

盲人打着灯笼走路可能你会认为就像"瞎子点灯自费蜡"一样，但是实际并非如此！虽然他自己看不见，但是却照亮了别人，让自己也变得更加安全，可以说这是一件两全其美的事情。

【品读故事】

有一个僧人在漆黑的道路上行走，由于道路太黑，僧人被对面过来的行人撞了好几下，但是他并不介意，继续往前走。在不远处，他看见有一个人提着灯笼朝着他这边走了过来，僧人这个时候心里松了一口气，心想总算是见到一些光亮了。这个时候，僧人听见身边有一些人在小声地议论："这个瞎子真是奇怪，自己看不见，还要在每天晚上打着灯笼走路。"

僧人听完别人的议论也觉得非常奇怪，等到那个打灯笼的瞎子走过来的时候，他走上前去问个究竟。

僧人问盲人说："你打着灯笼，自己能看见一点儿光亮吗？"

盲人回答说："我从出生的那一天开始，就没有见到过一丝的光亮，对于我来说，白天和黑夜是一样的，我甚至都不知道灯光是什么样子的。"

僧人这个时候更加迷惑了，于是接着问道："既然是这样，你为什么还要打着灯笼呢？难道是为了迷惑别人，让别人以为你不是一个盲人？"

盲人说道："不，并不是这样的，白天我都不怕别人说，在晚上就更不怕了。我想到了晚上，如果没有灯光，那么其他人不也和我一样都成为盲人了吗？所以我就在晚上提着灯笼出来。"

僧人听完之后很感慨地说道："你的心地真好啊，原来你所做的都是为了别人！"

盲人回答说："不是，我所做的也不全是为了别人。"

僧人这个时候更加迷惑了，问道："到底是为什么呢？"

盲人说："我什么也看不见，但是我从来也没有被别人撞到过，因为我的灯笼不仅让别人看到了我，而且还会让别人因为看到了我而不碰到我。"

【滴水禅思】

我们每一个人，总是喜欢先从自己的角度考虑问题，看事情有没有符合自己的利益。其实，想要成为一名优秀的领导者，就要突破这种传统的领导理念，不要单纯地考虑自己的利益，要有大局意识，长远眼光，只有这样才能够走得更远。

退步原来是向前

【佛言今释】

有的人只知道去苦苦追寻前面的世界，却不知道在自己的身后还有更广阔和美丽的世界。在遇到困难的时候，不懂得转身，不懂得回头，往往只会撞得鼻青脸肿，面目全非，何不暂退一步，暂忍一时，以退为进，求得以后的大跨步向前。

【品读故事】

有一名学僧在寺院里无事可做，于是就在禅院的石桌上作画。画面当中龙虎争斗，非常威风，只见龙在云端盘旋将下，虎踞山头作势欲扑。虽然经过了数次修改，但是依旧气势十足，动感不足。

这个时候，无德禅师正好从外面回来，看见一堆人围着一个人很是热闹，于是走上前去，发现一名学僧正在作画，但是心中好似疑问很多，此人见到无德禅师回来了，于是就请求无德禅师的帮助。

无德禅师看完之后，说道："虎和龙的形状不错，但是秉性表现得不好。龙攻击之前肯定是头上抬，而虎在跃起之前，肯定是头向下低。而且，龙头抬得越高，越靠后，冲击的力量才会越大，而虎头压得越低，跳起来才会越高。”

学僧听完无德禅师的一番话，佩服得五体投地，说道：“师父真是慧眼啊，怪不得我总觉得这幅画缺少了什么。显然是我把龙头画得太低、太靠前了，又把虎头画得太高了。”

此时，无德禅师借机进行了开示，说道：“其实为人处世和参禅的道理一样，只有退一步，才能够冲得更远；只有谦卑自省，才能够爬得更高。”

这时，旁边的一名学僧问道：“师父，退步的人怎么可能向前呢？而低头的人又怎么能够爬得更高呢？”

无德禅师认真地说道：“你们且听我的诗偈，手把青田插满秧，低头便见水中天；六根清净方为稻，退步原来是向前。”

学僧们听完之后似有所悟。

【滴水禅思】

很多领导者都存在这样的心态：“看高不看低，求远不求近。”其实，有的时候，退让并不是绝对的消极，反而可以进行积极的转化。只有低下头来，才能够好好反省自己，看到属于自己的水中天。

出门在外，难免心情不好

【佛言今释】

“出门在外，难免心情不好”这句话包含了莫大的宽容和善意。有的时候，柔和的力量是强大的，一个人的声音柔和，那么就可能渗透得更加遥远；如果一个人的目光柔和，那么这目光就能够带给我们友善，让彼此之间更容易沟通和交流。

【品读故事】

唐玄宗时，有一位梦窗禅师，在当时可谓德高望重。

有一次，梦窗禅师准备搭船过河，可是当渡船刚要离开的时候，从远处来了一位骑马佩刀的大将军，这位大将军大声喊道："等一等，等一等，我没来谁让你们走的，载我过河。"大将军一边说着，一边把马拴在了岸边，并且拿着鞭子就过来了。

可是这个时候，船上的乘客却大声喊道："船都已经开行了，怎么还有掉头返回的道理呢，你还是等下一船吧。"就连船家也说道："大将军，我的船已经驶离了码头，你还是等下一船吧。"大将军非常失望，着急地在岸边直跺脚。

这个时候，坐在船头的梦窗禅师则对船夫说道："船家，你看这船离开岸边也没有多远，你就行一个方便，掉头把将军载上一起过河吧。"船夫一看是德高望重的梦窗禅师，于是没有说什么，把船头调转，让那位将军上了船。

将军上船之后开始四处寻找座位，非常不巧，当时船上已经没有座位了。而将军看见坐在船头的梦窗禅师，于是二话不说，走上前去用鞭子抽打梦窗禅师，并且还说："你这个老和尚，赶紧把座位让给我，难道你没有看见本将军没有地方坐吗？"

当时这一鞭子正好打在了梦窗禅师的脸上，顿时鲜血直流，但是梦窗禅师却什么话也没有说，起身把自己的座位让给了这位蛮横的将军。

当将军坐下之后，大家由于害怕将军的蛮横无理，但是又为梦窗禅师感到不平，于是就开始小声议论起来。"没想到这个将军真是一个忘恩负义的人，刚才这位禅师请求船夫把船划回去接他上船。可是你看他，不仅抢了这位禅师的座位，还打了他。”

这位大将军从大家的议论声中似乎明白了事情的真相。此时，大将军心中也有了一丝忏悔之意。可是，他身为大将军，却无法拉下面子，不好意思承认错误。

一会儿，船就到了对岸，大家都下了船。而此时，梦窗禅师默默地走到河边，用水洗了洗脸上的血迹。

将军看到这样的情景，再也无法忍受内心的谴责，于是走上前去，跪在了梦窗禅师的面前，非常后悔地说道：“禅师，我实在是对不起你啊。”

梦窗禅师并没有生气，而是心平气和地说道：“将军，不要紧，出门在外，难免心情不好。”

【滴水禅思】

在以往的领导理念中，如果下属工作出现了问题，领导者往往会进行严厉的训斥。如果下属认错态度不好，领导者更是怒不可遏。其实这样的领导方式反而会给下属带来很大的压力。领导者应该去了解下属为什么会出错，再给下属讲解其做法为什么是错误的，只有这样才能够真正帮助下属进步，并且杜绝再次出现此类错误。

把自己先放低

【佛言今释】

当我们总是盯着别人的缺点和错误时，那么在我们的眼中看到的肯定是他的弱点和缺点。如果对一个人有了偏见，我们又怎么会发现别人身上的优点呢？因此，在我们的学习、工作和生活中，必须摆正自己的态度和位置，更应该虚心地向别人请教，只有这样才能发现自身的缺点和不足，不断改进自己。

【品读故事】

有一个年轻人来到少林寺，对住持方丈释圆和尚说道："大师，我一心一意想要学习丹青，但是到了现在我还没有找到一个能够让我感到满意的老师，我一直感到非常的苦恼。"

释圆和尚听完之后笑了笑说道："按照你说的，可见你走南闯北已经有很多年了吧，难道你真的就没有遇见一个让你感到满意的老师吗?"

年轻人听完之后重重地叹了口气说道："在十多年的时间里，我走南闯北拜访了很多有名的老师，可是我发现，他们当中很多人都是徒有虚名，他们画画的技术我实在是不敢恭维，甚至有的老师在很多时候还不如我呢，您说我怎么可能去拜他们为师呢?"

释圆和尚听完之后，仅仅是淡淡一笑，说道："老衲虽然对丹青一窍不通，但是我平常非常喜欢收集名家书画，既然施主你的画技要比那些大师技高一筹，那么老衲恳请你能否为我留下一幅墨宝呢?"说完之后，释圆和尚就吩咐小和尚拿来了笔墨纸砚。

释圆和尚继续说道："老衲平生还有一大爱好就是喜欢品茶，尤其是对那些造型非常漂亮和美观的茶具情有独钟。施主，你能不能给我画一个茶杯和一个茶壶，来满足老衲的喜好呢?"

年轻人听完之后非常自信地说道："这有何难，这对于我来说简直是探囊取物。"

年轻人说完之后，就调了一砚浓墨，铺开了宣纸。只见年轻人寥寥数笔，就画出了倾斜的茶壶和一个造型典雅的茶杯，而且更让人感到惊讶的是，那个茶壶的壶嘴当中还正往外吐着一缕缕的茶水，缓缓地注入茶杯当中。

当年轻人画完这幅画之后，问释圆和尚："大师，您觉得我这幅画画得如何啊？您满意吗？"

释圆和尚看了之后，先是微微笑了笑，紧接着又摇了摇头，说道："施主的画画得确实非常不错，但是施主却把茶壶和茶杯的位置给画反了，茶杯应该是放在上面，而茶壶应该是放在下面才对啊。"

年轻人听完释圆和尚的话后哈哈大笑，对释圆和尚说道："大师，您怎么会如此糊涂呢？要是把茶壶放到茶杯的下面，那么如何才能够把茶水注入茶杯呢？"

释圆和尚听完之后说道："施主，原来你并不糊涂啊，也明白这个道理。你渴望丹青高手的香茶能够注入你的杯子当中，可是你却总是把自己的杯子放在比茶壶还要高的位置上。请你想一想，这样的话，香茶如何才能够注入你的杯子里呢？只有先把自己放低，才能够得到一杯香茶，也只有当一个人把自己的位置放低一些之后，才能够从别人那里获得更多的智慧和经验。"

这个年轻人听完释圆和尚的话之后，一下子就明白了。

【滴水禅思】

很多领导者总是不懂得放低自己的姿态，对于一个领导者而言，不懂得放低姿态，就是不懂得学习，不追求进步。有一些领导者总认为自己是领导，就应该高高在上，这种领导理念早就过时了，现在的领导必须是学习型领导，只有这样，才能够不断提升自己的领导技能，不断取得新的成绩。

一撞化解一段恶缘

【佛言今释】

在这个世界上，没有什么歧途是不可以回头的，更没有什么错误是不可以改正的。所以，当我们面对别人的错误，宽容一定要比惩罚更加有力量，宽容不仅是对生命的洞悉，更能够让我们认清彼此，远离是非和仇恨，珍惜生命，因此，宽容就是爱，而爱就是万物的灵性。

【品读故事】

一天，一位禅师正准备开门出去，结果被突然闯进来的一个身材魁梧的大汉狠狠地撞到了，一下子就把他的眼镜撞碎了，并且还弄伤了他的眼睛。但是，撞人的大汉居然没有丝毫羞愧之色，而且还理直气壮地对禅师说："你长没长眼睛啊！戴副眼镜有什么用啊？"这位禅师听完大汉的话之后笑了笑，并没有说什么。大汉感到非常奇怪，继续说道："和尚，你为什么不生气呢？"

禅师察觉大汉已经产生了一点儿悔意，于是就借机开示道："我为什么一定要生气呢？我又要生什么气呢？我即使生气了，也不能够让我的眼镜复原，更不能让眼睛的淤青消失，甚至连痛苦也无法解除。而且，我要是生气的话只会扩大事端，如果我对你破口大骂，甚至对你大打出手，这样肯定会造成更大的恶缘，更不能把事情化解掉。生气不是解决问题的根本方法，如果我能够早一分钟或者是晚一分钟开门，这样就能够避免相撞。也许你这么一撞，还能够化解一段恶缘，所以，我还要感谢你帮助我消除业障呢，我又怎么会生气呢？"

大汉听完了禅师的话，非常感动，于是他立即向禅师进行了忏悔，并且还问了许多和佛教有关的问题，之后就略有所悟地离开了。

禅师以为这件事情就这样过去了，但是有一天，禅师突然收到了一封挂号信，在信中装有1万块钱，而这些钱就是当初那个大汉邮寄的。

原来这个大汉在年轻的时候不懂得努力，更不懂得勤奋学习，他毕业以后，在事业上可谓是高不成低不就，结婚后也不能够很好地对待自己的妻子，夫妻感情一直不和，为此他自己也感到非常苦恼。

直到有一天，他由于上班匆忙而忘记了拿公文包，于是就中途返回家中，却发现自己的妻子正在和另外一名男子在家里有说有笑。那个时候，他发疯一样冲进厨房，拿起一把菜刀，决定先杀了他们，自己再自杀，来一个了断。

但是，由于大汉当时惊慌、害怕，脸上的眼镜就在他回头的时候不小心掉了下来。就在这个时候，他忽然想起了禅师的教诲，使自己冷静了下来，彻底反思自己的过错，并且决定痛改前非。

当大汉改过自新之后，他的生活变得很幸福，工作也开始得心应手，所以就特意寄来了1万元钱，感谢禅师之前对他的教诲，因为正是禅师的宽容，才让他有所悟。

【滴水禅思】

领导者不仅要看清自己，更需要看清别人。在工作当中，每一个人都会犯错误。传统的领导者是不允许下属犯错误的。其实我们换一个角度想一想，有错误说明下属在某方面掌握得还不到位，这不仅是给下属提供学习和进步的机会，更是给领导者提供了解下属的好机会。

世上万物无常

【佛言今释】

执着与变通二者是存在一定尺度的，也只有掌握好这个尺度，我们的道路才能够变得更加顺畅。如果什么事情只知道一味的坚持，不懂得变通，那么到头来只会进入死胡同。人生千万不要刻意的追求，更不要过于执着，其实在很多时候，也许就在你的不经意间，发现已经得到了自己想要的东西。

【品读故事】

有两个小和尚，一个叫慧德，一个叫慧真，他们在一座寺院里进行修行，而且也是非常要好的朋友。后来，他们两个人怀抱着远大的理想和对成功的向往，打算出门去遥远的地方做生意，于是他们就告别了禅师，带着自己的所有财产去了遥远的地方。

他们首先来到了一个生产麻布的地方，慧德对慧真说道："在我家那边，这种麻布是非常值钱的东西，如果我们能够把所有的钱都换成麻布，然后带回去，一定可以赚到很多的钱。"慧真听完之后也非常认可，于是两个人就买了很多的麻布。

之后，他们又来到了一个盛产毛皮的地方，而让他们没有想到的是，这里正好缺少麻布，于是慧德对慧真说道："毛皮在我们那里也是非常稀罕的东西，如果我们把麻布卖了，再用那些麻布卖得的钱换成毛皮的话，不仅可以把成本收回来，而且等到我们回到家乡之后还能够大赚一笔。"

这时，慧真却说："我想还是算了吧，我已经把麻布绑好了，都放在我的驴背上了，搬上搬下多麻烦啊。"

结果，慧德把自己之前买的麻布全都换成了毛皮，他小赚了一笔钱，可是，慧真还是带着之前买的麻布上路了。

他们两个人走啊走啊，有一天，他们又来到了一个盛产药材的地方，这里的天气非常寒冷，而且正好缺少毛皮和麻布，于是，慧德就对慧真说："你看看这药材，在咱们那边绝对是宝贝，你把你的麻布卖了，我把我的毛皮卖了，咱们把赚的钱都买药材，这样的话回到故乡一定可以赚到更多的钱。"

可是慧真拍了拍自己驴背上面的麻布，说道："算了，我觉得太麻烦了，你看我已经把麻布绑好放在驴背上了，而且咱们还有很长的路要走，装上装下实在是太麻烦了。"结果，慧真这一次也没有把麻布换成药材，但是慧德却没有觉得麻烦，他再一次把毛皮卖了，全部换成了药材。

后来，他们又来到了一个盛产黄金的地方，这个地方虽然盛产黄金，但是却是一个不毛之地，不仅非常需要药材，而且也需要麻布。

这个时候，慧德再一次对慧真说："你看看这里，药材和麻布的价钱已经很高了，而黄金的价格居然这么便宜，在咱们家乡那里，黄金可要比这里贵得多，如果咱们把药材和麻布全部换成黄金，那么回到故乡咱们赚的钱可是一辈子也用不完了。"

但是慧真再一次拒绝了，"不，不，我还是觉得太麻烦了。我还是觉得把麻布带回故乡就好了。"结果，慧德把自己的药材换成了黄金，可以说又赚了一笔。

等到他们回到家乡后，慧真把麻布卖了，只赚到了很少的一点儿钱，而慧德带回来的则是大量的黄金，他把黄金卖了之后，成为当地最有钱的人。

【滴水禅思】

成功和失败就在一念之间，对于目标的执着追求是值得我们赞赏的，但是，执着并不代表钻牛角尖，只有学会突破传统的领导习惯，在坚持目标的同时，又懂得适时变通，这样才能事半功倍，更快、更顺利地到达成功的彼岸。

人到矮檐下，一定要低头

【佛言今释】

禅有一种境界就是随机应变，妙趣横生，特别是在非常时期，遇到事情的时候不妨采取一些非常的手段，而且这样往往能够获得意想不到的效果。

【品读故事】

仙崖禅师有一次外出弘法，结果在路上遇到了一对夫妇吵架。

妻子当时扬着大嗓门喊道："你算什么丈夫啊？我的脂粉钱你都没有给我，我也不说什么了，可是你连孩子上私塾的钱都拿不出来，你简直就是一个窝囊废，你说你还像男人吗？"

丈夫见自己的妻子在大庭广众之下辱骂自己，于是怒从心起，撸起拳头就准备打妻子，并吼道："你这个泼妇，你再骂，我就打你！"

结果妻子也是气急了，横下一条心说道："我就是骂你了，怎么着吧，你本来就不像男人！"

这时，仙崖禅师转身对身边的过路人大声喊道："大家都赶紧来看看吧，快来看吧，看斗鸡、斗蟋蟀什么杂戏都是要交钱的，而现在正在斗人呢，不需要花钱，大家都赶紧来看啊，这真的是一个千载难逢的好机会，大家赶紧来看呀！"

仙崖禅师喊完，夫妻两个人还在吵着。

丈夫说："你要再说一句我不像男人，我就把你杀了，你信不信？"

妻子说："你杀一个试试，你杀啊，你今天不杀，你就不是男人！"

此时，仙崖禅师又喊道："大家赶紧来看吧，精彩极了，战斗又升级了，现在都要杀人了，真是难得的好戏啊，快来看呀！"

这个时候，路上的行人实在是看不下去了，都开始谴责仙崖禅师："你这个和尚，在这里大叫什么啊，人家夫妻吵架你也不劝，你不劝也就算了，居然还在这里幸灾乐祸，就好像你能够从他们夫妻吵架中得到什么好处一样。"

仙崖禅师此时则非常得意地说道："施主，你还真说对了，我当然能够得到好处了，你没听见他们两个人要杀人吗？如果丈夫把妻子给杀了，那么他们肯定会请和尚念经的，念经的时候，我不就可以有善钱拿了吗？"

当仙崖禅师说完这句话之后，路人就更加气愤了，于是对着仙崖禅师吼道："真是岂有此理，为了钱财居然希望别人死去，天底下怎么会有你这样的和尚呢？你才应该早死呢！"

结果这么一吵，正在吵架的夫妇也停止了争吵，于是双方都不约而同地围了上来，听听仙崖禅师和这个人在争吵什么。

仙崖禅师发现自己成功吸引了吵架夫妇的注意力，于是微笑着大声说道："希望不死也可以啊，那我就要去说法了。"

这个时候其他的人也围过来了，仙崖禅师不慌不忙地对众人说道："再厚的寒冰也会在太阳出来的时候被融化掉；再冷的饭菜，只要点燃了火就能被煮热。夫妻既然能够生活在一起，这就是很大的缘分，所以我们每一个人都应该做太阳，要懂得温暖别人，希望这对夫妇能够永远相亲相爱。"

这个时候，路人才明白了仙崖禅师的用意，夫妻两个人也才意识到自己的失态，互相道歉之后，就高高兴兴地回家去了。

【滴水禅思】

作为领导者，处理一些特殊事情的时候不能按照常规的方法和方式，有必要采取一些非常手段，因为很多事情如果还坚持固有的处理方式是无法解决问题的，唯有突破固有的领导方式，尝试新的方法，才能更有效地解决问题。

第六章

不辞小水，方成海洋

——保持正确的领导心态

无所不知，无所不晓

【佛言今释】

古今多少事情，一场谈笑尔。太白山人虽然输给了慧忠，但是看得开，依旧大度能容，谈笑自如，可谓智慧。而鱼朝恩却不愿意吃半点儿亏，一一进行反驳，到最后害得自己丢掉了性命。包容一个人，其实也是为了更好地保护自己，领导者万万不可树敌太多，以免留下众多隐患。

【品读故事】

唐代宗时，有一位奇异人士，自称太白山人，能掐会算，深得唐代宗的喜爱。

而在当时，还有另外一位很有名的高僧慧忠，他秉承了六祖慧能的法脉，于是有一天，唐代宗有意让这两个人在一起比试比试。

太白山人和慧忠见面的时候，有一种文人相轻的感觉，慧忠和尚首先发问："不知道太白山人擅长何术？"

太白山人非常自负地说道："知山知地知人文，算生算死算万物。本人精于算法，无所不知，无所不晓。"

慧忠听完之后微微一笑，说道："那么我问你，你所居住的山是雄山，还是雌山？"

这个问题可以说是剑走偏锋，山怎么还会有雄雌之分呢？

太白山人听完之后也是非常吃惊，这如何回答呢？就连唐代宗，以及当时一位专横跋扈的宦官鱼朝恩也不知道应该如何回答。

慧忠并没有给他喘息的机会，接着问道："殿上此地是何地？"

太白山人回答说："容我掐算一番。"

慧忠笑着说：“不用掐算了，你既然识字，那就看我写的是什么吧!”

说完之后，慧忠随手就在地上画了一笔。

太白山人看了一眼，说道：“这是一个一字。”

慧忠却说：“这怎么可能是一呢，在土上面写一个一，难道不是一个王字吗？你现在所站的地方就是王地，这还需要掐算吗？”

慧忠又问道：“三七是多少？”

太白山人回答说：“三七二十一。”

慧忠听完之后又笑道：“难道就不能是个十吗？”

慧忠随后对唐代宗说道：“这个人简直是问山不知山，问水不知水，问地不知地，陛下，您从哪里找来这样一个活宝？”

唐代宗当然也知道慧忠耍的都是小把戏，于是就对太白山人说：“现在看来，慧忠禅师才是真正的活宝啊！”三个人听完之后，哈哈大笑起来。

但是，专横跋扈的宦官鱼朝恩却没有咽下这口气。他觉得慧忠根本就不是一个潜心修行的高僧，而是依靠自己的嘴上功夫取悦皇上的宠儿。

他实在按压不住心中的怒气，也想在唐代宗面前卖弄自己的学问，于是开口问道：“请问禅师，佛法当中所谓的无明是指什么？无明又从何而来呢？你既然是当世的名僧，那么你一定知道答案了。”

这当然不是在请教，完全是在挑衅，慧忠禅师自然听出来了，但是他依旧保持一份淡定的心情回答道：“大人，当一个人快死的时候，出现满脸的衰相，这个时候即使是奴隶也会问佛法了，而这个时候就是无明，无明也是因此而起的。”

本来鱼朝恩是想要给慧忠一个下马威的，但是没有想到慧忠全盘奉还，这一下让专横跋扈的鱼朝恩更加难以忍受，随口说道：“天底下的事情谁敢不听我的，你一个小小和尚居然口出狂言，我看你是活腻歪了。”

唐代宗听到这句话后非常不高兴，起了想杀鱼朝恩的心思，到了后来，鱼朝恩终于被唐代宗设计杀死了。

【滴水禅思】

领导者一定要会说话，在一些场合，千万不要一人独揽成绩，这是领导者最忌讳的。其实，只要我们调整好自己的心态，凡事看开一些，大度一些，所有的事情都可以迎刃而解。而且，领导者也不是完美的，在某些方面可能还不如下属，更应该积极向下属学习，千万不要居功自傲，更不要过于自负。

没有摆脱不了的忧郁

【佛言今释】

智远禅师的一句话，可以说看透了一切，正所谓“福兮祸所伏，祸兮福所伏”。在这个世界上，不存在所谓的极乐天堂，也没有人能够从烦恼中真正解脱出来，而我们所要做的，就是调整好自己的心态，够稳妥地处理一切挫折，从而保持一种积极的能量。

【品读故事】

有一个小和尚在寺院里待了很长时间，他每天见到的都是前来寺院的参禅者，每天听到的都是参禅者诵经的声音。时间一长，小和尚有一些不耐烦了，于是他就跑到自己的师父智远禅师那里去诉苦。

智远禅师听完了小和尚的抱怨之后，说道：“快乐就在心中，不假外求，求即往往不得，转为烦恼。快乐还是一种心理状态，内心淡然，则无往而不乐。”

紧接着，智远禅师给小和尚讲了这样一个故事：

在一个小村子里，有一位老乡绅，村里人给他送了一个绰号“太好老爷”，因为他的口头禅就是“太好了，太好了”。

有一次，接连几天都下着大暴雨，村民们被连续几天的大暴雨弄得非常烦躁，抱怨连连，但是他却说：“下雨天也好，下雨天出行不方便，大家刚好在家中好好休息，不用再像往常那样辛勤劳动了。”

又有一天，“太好老爷”的夫人患了重病，当时村民们以为这一次他肯定不会再说“太好了”，于是，大家都前去“太好老爷”家中看望其夫人的病情。

谁知道大家刚一进门，就听见“太好老爷”说道：“太好了，太好了。”

当时村民们一下子都不知道如何是好，也不知道该怎么回应。

紧接着，大家就听见“太好老爷”说道：“我和夫人生活了这么多年，现如今已经是一把年纪了，一直都是她无微不至地照顾我，现在好了，我终于可以踏踏实实地照顾她了。”

当智远禅师给小和尚讲完了这个故事后启发弟子说道：“生活在这个世界上，能够把坏事看成是一件好事，这不是非常有哲理吗？我们只要抱着积极乐观的人生心态，面对一切艰难挫折，就不会有摆脱不了的忧郁!”

【滴水禅思】

作为领导者，一定要有良好的心理素质和积极的心态。在领导过程中，势必会遇到很多不顺利的事情，这个时候，一定要展示自己的正能量，特别是在下属面前，你的积极心态，往往会起到强大的正能量效果，能够激励下属的工作热情，同舟共济，携手共同渡过难关。

佛性平等，贤愚一致

【佛言今释】

鹤林禅师的这句话，其实是在告诉我们，假如有一杯难以下咽的咸水，如果在其中注入了一滴甜美的泉水，那么也将会变成清凉的甘露。我们在帮助一个人的时候，千万不要看他的表面行为，要想真正帮助一个人，就必须具有容忍庸俗的气度和宽恕他人的雅量。

【品读故事】

鹤林玄素禅师俗姓马，因此人们又称他为马素。

有一个非常虔诚想要赎罪的杀猪屠夫，他非常仰慕鹤林禅师的崇高德行，于是特地准备好了美食，虔诚地邀请鹤林禅师。鹤林禅师就高兴地去了。

当寺院里的人知道这件事情后，一片哗然，一个是以慈悲为怀，德高望重的老禅师，一个是整天杀生，罪孽深重的屠夫，这两个人怎么能够走到一起呢?

而鹤林禅师也看出了大家的疑惑，但是鹤林禅师还是毫无顾忌地前去赴宴了。赴宴回来之后，鹤林禅师就在自己的房间里坐禅，不见任何人。

当时有一个学僧不明白什么是祖师西来意，于是便来敲鹤林禅师的门想要请教。

鹤林禅师在房间内问道：“谁啊?”

学僧回答说：“师父，是我。”

鹤林禅师回应道：“不要说是你，就算是佛祖我也不会让他进来的。”

学僧非常不解，于是问道：“为什么您连佛祖都不让进来呢?”

鹤林禅师回答说："因为在我这里已经没有空间给佛祖住宿了。"

学僧又问道："那么，您能告诉我什么才是祖师西来意吗？您告诉我，我就不进去了。"

鹤林禅师用非常慈悲的声音回答说："祖师西来意就是到屠夫的家中应供。"

学僧听完之后，还是不解，又问道："这种西来意，难道就不怕别人怀疑吗？"

鹤林禅师答道："佛性平等，贤愚一致，放下屠刀，立地成佛，可度者，吾即度之，这有什么好奇怪的呢？"

学僧这个时候终于悟出来了，西来意就是要普度众生，屠夫虽然一直做的是杀业，但是他虔诚供养，也确实佛心。

【滴水禅思】

一个领导者必须要有正确的领导心态，特别是在识人、看人的过程中，千万不要仅从表面去看一个人，要对一个人进行全方位的考察，有的时候表面的东西并不能说明什么，只会把我们带入误区。很多领导者经常是通过第一印象来判断一个人，这样很容易片面，也不容易得到真正的人才，正所谓"人不可貌相"。

不要太心急，慢慢整理，能赶得及

【佛言今释】

每个人都有理由着急，但是我们也有理由从容。生活其实就是一个综合的过程，志向不能够不高，但心态不能够过于着急，否则就有可能会让我们忘记要把生活当中重要的东西放在肩膀之上，这样很多事情就会变成遗憾。

【品读故事】

有一对小沙弥，师兄和师弟，他们奉师命进城布道讲学，临行之时，身上背了两包木简佛经，让他们感觉非常沉重。

师兄是一个慢性子的人，而师弟则是一个急性子的人。师父让他们两个人在一起，就是为了让他们能够互相从对方的身上学习一些优点，不要再那么固执。

在路上，小师弟一直催着师兄走快一些，师兄的性子非常慢，又是打理书简，又是打理衣物，做起来是井井有条。

但是师弟是第一次出远门，内心非常的兴奋，再加上只顾求快，就胡乱地把东西放到了包裹当中。

小师弟因为准备得不充足，路上又缺东少西，丢三落四，最后都是师兄在后面帮他收拾。虽然小状况不断，但是一切还算顺利，再加上小师弟心急火燎地赶路，所以日程好像比之前提前了一些。

终于快要到达目的地了，两个人都想在天黑之前进入城中。虽然愿望非常迫切，但是师兄还是慢吞吞地把东西都检查整理了一遍，并且还没忘记提醒师弟，你的背包松散了一些，先整理一下吧，不要太急了。

师弟听完之后，满不在乎地说道："用不着，等进到城中再整理也来得及啊，还是先赶路要紧。如果我们在天黑前还进不了城，那么我们就只能够在城外住一宿了。"

由于师弟的书简放得非常混乱，绳子也没有捆绑结实，最后背包掉了下来。书简散了一地，自然也摔坏了不少。这一下子让师弟慌了手脚，心想：这该如何是好？我们还要赶路呢！

师兄则不着急地说道："不要太心急了，咱们慢慢整理，或许能够赶得上。"

师弟在师兄的指导下，把书简和包裹又重新整理好，二人再一次上路。这一次，小师弟终于懂得了小心翼翼，因为再出现状况就真的无法按时进城了。

【滴水禅思】

“不要太心急”这句话既是说给师弟听的，也是说给领导者听的。这句话代表了生活的一种高境界，更代表了人性的通达。

领导者应该理性地对待工作当中的每一个细节，急或不急，要根据实际情况来决定，万万不可以急于求成，如果没有一个牢固的基础，那么急于求成的结果就会轰然崩塌，一切归零。

为了除去师父的闲名

【佛言今释】

小和尚是聪明的，他的这句话了却了洞山禅师的心愿，其实，名利就好像是一个皮箱，当我们用时，将其提起，不用时就将它放下。如果不用之时还放在手上，那就成了自身的累赘。

【品读故事】

有一天，洞山禅师感觉自己不久即将离开人世，但是心中却还有一个愿望没有实现，于是他就告诉世人，看谁能了却自己的愿望。

这个消息传出去后，很多人都从四面八方赶来，甚至就是朝廷也派人急忙赶来，想要帮助洞山禅师了却他的愿望。

这一天，洞山禅师走了出来，在他的脸上洋溢着莲花一般的微笑。他看着满院的僧众、老百姓，以及朝廷派来的人，大声说道：“我在这个世上有了一点点的闲名，现如今，我的躯壳即将散化，那么我的闲名也应该除去。你们这些人当中谁能够替我除去闲名，就等于是了却了我的心愿！”

听完洞山禅师的话，殿前一片寂静，人们互相看着，可是却没有一个人知道应该怎么去做。

忽然，有一个刚刚上山的小和尚从后面走了过来，他非常恭敬地向洞山禅师施了一礼，之后高声说道：“请问大师的号是什么？”

小和尚的话刚一出口，所有的人都向他投来了不解的目光，甚至还有人低声斥责小沙弥简直就是目无尊长，对于禅师居然如此不敬；也有的人埋怨小和尚无知，洞山禅师如此德高望重，居然连他的号都不知道。

可以说院子里的人已经开始七嘴八舌了，但出人意料的是，洞山禅师在听完了小和尚的问话之后并没有恼怒，而是大声笑着说：“太好了！现在我已经没有闲名了，还是这个小和尚聪明呀！”当人们还没有弄明白是怎么回事的时候，洞山禅师满足地坐了下来，闭目，双手合十，圆寂了。

这时，小和尚的眼中充满了泪水，还止不住流了下来。但是，他立即就被周围的人包围了起来。他们质问小和尚：“岂有此理，你为什么要在禅师离去的时候问这样大不敬的问题，你真是胆大包天，多亏洞山禅师大恩大量，不和你计较。”

小和尚看着周围这些人，无可奈何地说道：“他是我的师父，我怎么可能不知道师父的法号呢？我这样做等于就是为师父除去了闲名呀！”

【滴水禅思】

一名优秀的领导者千万不要把名利看得太重，更需要有一种拿得起，放得下的正确心态，如果把名利看得太重，是很容易让自己在领导的道路上迷失的，这样也就失去了领导真正的本意。

生命比古董更无价

【佛言今释】

功名利禄就像四道墙，每个人都围着它们跑得忙，如果你能够看得穿，看得透，那么你的一生势必是快乐的。一休大师的救济行为就是其爱心的体现，而驱散将军的钱财，又等于是完成了将军救济苦难百姓的心愿和责任，可以说是一举两得。

【品读故事】

在室町幕府时期，有一位在当时非常有名的小和尚，而且他的身份非同一般，他的父亲是后小松天皇，他的母亲是个妃嫔。

他就是大名鼎鼎的一休和尚。由于他的母亲在怀孕的时候受到皇后的排挤，只好被迫离开了皇宫。

一休的师父以“欲从色界返空界，故且短暂作一休”之意为他起了一个名字——“一休”。

一休和尚有着皇室的血统，但是一直在民间生活，他最终没有辜负母亲的期望，成为一位举世闻名的佛学高僧。

有一天，一位将军把一休请到自己的家中，喝茶谈禅。这其间，将军一时兴起，拿出了自己家中珍藏的古董，请一休入眼，但是一休看完之后好像没有一点儿兴趣，这位将军非常扫兴，说道：“大师，这么珍贵的古董都无法入您的法眼，难道您还有更加珍贵的古董?”

一休听完之后说道：“这是自然。”

这位将军是一位古董收藏爱好者，因此非常急切地问道：“那到底是什么古董呢?”

一休说道："一件是女娲补天用的石块，一件是历代忠臣使用的饭碗，还有一件是前朝高僧使用的禅杖。"

将军听完之后大为惊讶，这可真是无价之宝，于是他非常想据为己有，赶紧对一休说道："大师，您看您一个出家人，也不在乎名利，何不把这些宝贝卖给我呢？"

一休非常爽快地答应了，最后二人以三万两白银的价钱成交。

将军担心夜长梦多，于是立即派自己的手下带上白银和一休一起去取。

一休当着侍从的面，拿起一小块寺院门口的铺路石，又拿了平日里喂狗用的破碗，以及平日里自己使用的拐杖，交给了侍从。

侍从一下子惊呆了，但是又不敢多问，只好拿着这些东西，打算回去向将军如实报告。

但是一休却对这名侍从说道："你现在不要告诉将军，等到一个月之后再告诉他真相。"

一个月之后，将军终于知道了真相，于是带着侍从气冲冲地找到一休，说道："都说出家人不打妄语，您怎么能够骗我呢？"

一休此时正在安静地打坐参禅，非常淡定地说道："现在全国各地都在闹饥荒，我已经用将军给的三万两银子救济灾民了，我这也是在为您积善行德啊，而且生命和古董比起来，到底谁更无价呢？"

将军听完这些，转怒为喜，欣然离开。

【滴水禅思】

健康和名利哪个更重要？这常是领导者内心比较纠结的问题。人们常说：年轻时是用健康去换名利，年老时是用名利去换健康。何不权衡一下，在年轻时多注意点儿身体呢，毕竟名利不能跟你一辈子，只有健康才能跟你一辈子。

时时处处必须舍得

【佛言今释】

学会舍得，我们才能够解开人生这道题目，而且，一旦你懂得舍得了，你舍掉的东西最后还会回到你的身边，你不仅没有什么损失，反而还会有意外的收获。放得下，想得开，才能看淡一切，稳定自己的情绪，这些都是成熟领导者必备的品质。

【品读故事】

有一位师父从外面云游归来，带回来很多核桃，他首先拿出了一颗核桃放在了小和尚的面前。他看了一眼正准备敲开核桃壳的小和尚，觉得这是启发他的好机会，于是他先拦住了小和尚，自己又从包裹当中拿出了十七颗核桃，都放在了小和尚的面前。

之后让小和尚把这十七颗核桃分成三份：师父一份，师兄一份，自己一份。

而小和尚自己的那一份是桌面上核桃的二分之一，而他师兄的一份则是桌面上核桃的三分之一，他师父的那一份则是核桃的九分之一，既不能把核桃敲开，也不能够把核桃剩下，这一难题可把小和尚急坏了。

因为十七既不能够被二整除，也无法被三和九除开，师父的要求是根本无法达到的啊，只见小和尚急得抓耳挠腮，无计可施。

师父看见小和尚的这副表情，在旁边轻轻地叹气道："要是有十八颗核桃就好办了。是不是?"

其实，小和尚也是一个非常聪明的孩子，一听师父的这句话，就知道师父是在提醒自己，于是就赶紧把自己手中的那颗核桃拿了出来，放在了桌面上。这样就刚好凑够十八颗核桃了，师父的难题自然也就迎刃而解了。

而且让小和尚更加高兴的是，最后他拿出来的那颗核桃还是属于他自己的。

师父看到这一切，说道：“孩子，你现在知道了吧，这颗核桃还是属于你的。你想要解决我给你出的难题，那么就必须学会舍得，如果不舍得把手中的核桃拿出来，那么你就永远不可能解决问题。孩子，你要记住，人生就是一道题，时时刻刻都必须学会舍得。”

【滴水禅思】

作为领导，一定要把眼光放在自己的领导事业上，千万不要被各种名利所牵绊，这些都是身外之物，可以说是生不带来，死不带去。现如今，有多少领导被名与利所诱惑，做出了一件又一件后悔的事情。真正的领导者必须要学会舍得，只有放下这些，才能全心全意，踏踏实实地做好每一件事情。

有一口新井

【佛言今释】

很多人和南山的和尚一样，每天只知道做着相同的工作，每个月领着薪水，甚至也习惯了这样的日子，其实这就是以打工的心态来做事情，工作上没有了激情，失去了进取心，整个团队的士气也势必会大不如前。

【品读故事】

在很久以前有两个小和尚，他们分别住在南面和北面的两座相邻的山上。两座山的山脚间形成了一片小湖，湖水清澈异常，这也成为两个小和尚的饮水来源。

每天，两个小和尚都会在傍晚时分下山挑水，他们每天都会相遇，时间一长，两个人好像达成了默契，每天傍晚下山打水成为他们之间不成文的约定。

日子就这样一天天地过去了，一年、两年、三年……不知不觉已经过去了五年。

这一天，傍晚到了，南山和尚挑水的时候却没有像往常一样遇见北山和尚。

南山和尚心想，可能是北山的和尚有事情，耽误了今天的挑水，因此他心中并没有在意。

但是第二天，他还是没有见到北山和尚，这一次南山和尚等了一个时辰，最后失望地回到了山上。

第三天，南山和尚特意提前半个时辰来到湖边，但是依旧没有看见北山和尚的踪影。

这一次他心中感觉空荡荡的，老朋友到底是怎么了，会不会生了重病？所以第二天一大早，他赶紧前往北山探望他，甚至还给他带去了一桶水。

原来，北山的和尚并没有像南山和尚所想的得了重病，他正坐在树影下面，认真地看着经文，他的身边有一堆篝火，上面煮着沸腾的茶水。

南山和尚看到这一切觉得非常奇怪，于是问道：“你已经好几天没有下山挑水了，你哪来的水煮茶啊？”

北山和尚听完之后笑着把南山和尚带到了寺院的后院，原来在那里出现了一口崭新的水井。

北山和尚看着南山和尚一脸惊讶的表情，解释道：“在之前五年的时间里，我每天挑水回来，做完功课都会挖这口井，有的时候我会多挖一些，有的时候我会少挖一些，用了五年的时间，我终于修成正果了，现在再也不用天天下山挑水了，节省出来的时间我可以更好地学习佛学了。”

最后北山和尚还盛情邀请南山和尚留下来一起吃晚饭，但是此时南山和尚的心中可以说很不是滋味。他也暗暗下定决心，打算用五年的时间挖一口井，因为他知道，自己也非常需要这样一口井。

【滴水禅思】

实际上，我们每一个人都需要一口属于自己的井，对于领导者而言，在公司领得的薪水就是“挑水”，而“挖井”就是结合自己的实际情况，规划团队的发展，一点点建立属于自己的强有力的团队。

当然是佛名贵

【佛言今释】

俗话说：“君子所见无不善，小人所见无不恶”，大千世界对于我们每一个人而言，其实是对自己内心世界所进行的一种归结形式。所以要想拥有一个和谐的内心世界，那么就先调整好自己的心态。

【品读故事】

伟大的诗人苏东坡和佛印禅师是非常要好的朋友，他们经常在一起参禅悟道。

有一天，他们两个人又斗了禅机。

苏东坡首先问道：“佛印禅师，你看我像什么呢？”

佛印禅师看都没有看，毫不犹豫地回答说：“学士像一尊佛。”紧接着又反问苏东坡：“那你看老僧像什么呢？”

苏东坡听完这一问题想了想，发现佛印禅师正好穿着一件黑色的僧袍，而且他人又长得非常胖，正盘着腿坐在那里，简直就是黑乎乎的一大堆，所以就随口而出，说道：“禅师活像一堆牛屎。”

没有想到，佛印禅师听完之后，不仅没有愤怒，反而发笑，最后默然不语，自顾自地开始闭目养神起来。

苏东坡回到家后把这件事情高兴地告诉了自己的妹妹，说道：“好妹妹啊，你不知道，从前哥哥我每次和佛印禅师斗禅机都斗不过他，这一次真不知道是和尚倒霉，还是我苏东坡走运，总算是把他说得哑口无言了。”于是，苏东坡就把自己如何和佛印禅师斗禅机的过程给妹妹详细地说了一遍。

苏东坡的妹妹听完之后，禁不住扑哧笑了一声，之后便开始数落起哥哥来，“哥哥啊，你还不知道啊，你今天输了一个精光，你到现在还以为自己是大获全胜吧？”

苏东坡听完妹妹的话，一时摸不着头脑，急忙问她是什么意思。

妹妹并没有急于告诉苏东坡答案，而是问道：“哥哥，您说是佛名贵呢，还是牛屎名贵呢？”

苏东坡回答说：“当然是佛名贵了。”

妹妹说道：“这不就是了。佛印禅师的所见是佛，而哥哥你所见是牛屎。我请问哥哥到底是谁高谁低呢？”

苏东坡听完之后先是一愣，而妹妹紧接着又说：“佛印禅师心中装的是佛，所以他看每一个人都是佛；而哥哥你一开口就是牛屎，那么你心中装的是什么呢？由此可见佛印禅师的心境要比你高很多啊，他已经获得了胜利，自然是见好就收了，所以也就不和你啰唆了，哥哥你就认输吧。”

苏东坡听到这里才恍然大悟。

【滴水禅思】

领导者想要拥有一个优秀的团队，拥有一个光辉的业绩，那么首先就必须调整好自己的心态。领导者的心态积极，那么整个团队的心态也是健康的。如果领导者的心态消极，那么整个团队的气势就会不足，态度萎靡，如何还能够取得更好的发展呢！

能征服精神的人，强过能攻城占池

【佛言今释】

我们的内心平静不在于身在何处，从我们的生活当中也能够得到快乐，当然，我们的心态也不在于你身边有什么样的人，只要你自己保持一种健康的心态，那么你就具备了实现自己理想的勇气和心愿。

【品读故事】

有一个小和尚，名叫凡了，他经常发愁。而他之所以有如此多的忧愁，是因为觉得自己太瘦了；觉得自己现在的生活不够好；觉得自己无法给别人留下好的印象；甚至担心自己会得上什么疾病。

最后，凡了决定去九华山看一看，希望在换了一个环境后，能够对自己有所帮助。凡了在走之前，他的师父交给他一封信，并且嘱咐他，这封信一定要到了九华山再打开。

让凡了没有想到的是，自己到了九华山之后，发现比之前还难受。就在此时，他想到了师父给自己的那封信，于是打开看信中写了些什么。

师父在信中写道："徒儿，你现在的地方离咱们的寺院有300多里，但是你并没有觉得有什么不同，师父说的对不对，因为你还是没有放下你心中的麻烦。其实，你的身体和你的精神都没有任何问题，因为并不是你所遇到的环境让你受到了挫折，而是你自己对这些问题的想象。总而言之，一个人的心里想什么，他就会成为什么样子，当你在了解了这一点之后，你就不要在九华山游览了，还是回到寺院中吧，因为那个时候的你已经好了。"

师父的这封信让凡了非常生气，因为此时此刻，凡了觉得自己更需要的是同情，而不是别人对自己的教诲。

于是凡了决定再也不回庙里了。那天晚上，他经过一座寺院的时候，见天色已暗，自己无处可去，就进入了寺院当中。在庙中，凡了和一位老和尚聊了很久。谈话期间，老和尚一直说："能够征服精神的人，强过攻占城池。"

凡了坐在蒲团上面，认真聆听着老和尚的教诲，结果听到的与师父的教诲一样，这一次他却不再冲动，而是把头脑当中所有的胡思乱想全部清空。

凡了第一次能够认真而冷静地进行思考，这个时候他才发现自己是多么的愚蠢。因为他曾经想改变这个世界，甚至是世界上所有的人，现在，他终于意识到，其实真正需要改变的是自己的心态。

第二天一大早，凡了就收拾了自己的行囊，回到寺院里去了。在当天晚上，凡了就能够平静、心无杂念地学习经书了。

【滴水禅思】

领导者必须具备积极乐观的心态，否则是成不了大事的。如果一个领导者遇到一些困难和挫折就自暴自弃，失去了主意，那么怎么能够带领大家做好事情呢？唯有那些遇到困惑和挫折不灰心，不丧气，乐观开朗的领导者，才能做出一番成就。

心地透明，了无一物

【佛言今释】

所谓“气从心生”，一个人如果脾气太大，又不容易控制，那么就很容易伤到自己。因此，我们遇到任何事情必须想得开，要能够平心静气地看待事情，这样就能够消除我们心中的怒气，获得一份恬静与快乐。

【品读故事】

有这样一名中年妇女，她的脾气非常古怪，经常会因为一些鸡毛蒜皮的事就大发脾气。当然，这名中年妇女知道自己有脾气不好的缺点，可是，她总是非常难以控制自己。

有一个朋友对她说：“有一位高僧，你可以去找他说一说自己的心事，也许他能够为你指点迷津。”就这样，这名中年妇女抱着试一试的态度找到了这位高僧。

当她找到高僧之后，就向他诉说了自己的心事，妇女的言语态度非常诚恳，她非常希望自己能够从高僧那里得到一些启示。

高僧一言不发地听完了妇女的心事以后，就把她带到了一座禅房里，然后转身从外面把门锁上便离开了。

这名妇女本来还打算从高僧那里听到一些开导自己的话，可是现在不仅没有听到一句开导的话，居然还被高僧关进了又冷又黑的禅房里。

这名妇女当时气得直跺脚，可是不管她怎么骂，高僧就是不理她。最后这名妇女实在受不了了，就停止了叫骂，开始向高僧哀求，可是高僧还是无动于衷，任由这名妇女在禅房里面说个不停。

过了很长时间，禅房里面终于没有声音了，这个时候，高僧出现在了禅房门外，问道：“你还生气吗?”

妇女回答说：“我现在只生我自己的气，我怎么那么容易就相信了别人的话，跑到这里来。”

高僧听完之后，对她说：“你连自己都不愿意原谅，又怎么会原谅别人呢?”说完之后就走了。

又过了一段时间，高僧回来再一次问道：“你还生气吗?”

妇女说：“我不生气了，我生气有什么用呢？反正我现在也只能够被你关在这又冷又黑的禅房里。”

高僧说：“你这样想是最可怕的，因为你把自己的气都压在了一起，如果一旦爆发出来，那么肯定会比第一次更加强烈。”说完之后又转身走了。

等到高僧第三次问她的时候，这名妇女说：“我不生气了，因为现在你已经不值得我为你生气了。”

高僧听完之后，又说：“你生气的根还在，你现在还没有从生气的旋涡当中走出来。”

又过了很长时间，这名妇女主动问高僧说：“大师，您能告诉我，气到底是什么吗?”

高僧没有说话，而是看似无意地把手中的茶水倒在了地上。这个时候，这名妇女也终于明白了，原来，只要自己不生气的话，哪里还来的气啊？一个人心地透明，了无一物，怎么可能还会有气呢?

【滴水禅思】

作为领导者，拥有冷静的心态是非常重要的。如果脾气不好，或者做事情冲动，那么很有可能会做出错误的决定。领导者在做决定之前，必须进行冷静谨慎的考虑，只有这样才能够做出正确的决定。

丢进河里了，我看你们怎么办

【佛言今释】

为别人做好事，别人应该对你表示感谢，但是如果你因为帮助了别人而轻视别人，甚至还凌驾于别人之上，那么最后你肯定会成为孤家寡人。其实在很多时候，我们为别人付出自己的努力，心中不要总想着回报，我们应该随时以一种大无畏奉献的精神来对待别人，只有这样你才会获得别人永远的爱戴与尊敬。

【品读故事】

有一天，城镇里很多老百姓都聚集到了一个悬崖边上，他们准备架一座独木桥到对岸的悬崖上。由于在两个悬崖之间有一道非常深，而且水流很急的河沟，因此，大家运来了一根又一根又大又坚固的梁木。

大家先使用非常粗的绳子捆绑在了梁木的两端，之后拉着一端的绳索，把梁木放到了河沟里，紧接着，让一部分人攀着岩石，顺着悬崖先爬到河沟下面，这样才好涉水渡过河沟，再爬上对面的悬崖，然后，两边的人同时拉绳子，把梁木拉上去，这样就可以把独木桥架好了。

但是，由于那条河沟里面的水流实在是太湍急了，有好几个准备涉水过去的人都被水流冲走了，甚至，还有三个人在慌乱之中失去了宝贵的生命。当时，有很多人看见这个状况，都退缩了，再也不敢向前冲了，而这个时候，眼看大家辛辛苦苦运来的梁木马上就要被水冲走了。大家心想：看来，这座独木桥在短时间内是无法搭建起来了。

就在这个时候，大家却发现有一个人正在水流湍急的河沟当中拼命挣扎着，他拉住了梁木，最后成功渡过了河，攀爬到了对岸的悬崖上面，并且拉起了梁木，把木桥给架了起来。

由于这个人的功劳很大，城镇的老百姓都把他视为英雄。而大家为了感激他，拿出了大坛的酒和大块的肉款待他，而且还叫石匠把他的名字刻在河沟旁边的石壁上面。其实大家这么做，都是在真心实意地感谢他。

但是，随着日子一天天过去，没想到这个人却因为这件事情变得越来越目中无人，并以镇长自居，开始在镇里面横行霸道起来。

刚开始的时候大家都还因为他有当初冒着生命危险为老百姓架桥的功劳，还能够容忍他，但是，有一天他居然当着大家的面宣布："如果没有我，你们连一座独木桥都架不起来。现在，我要把独木桥拆掉，我看你们怎么办?"大家以为他说的是玩笑话，可是令人没有想到的是，他真的提起了独木桥的一端，一下子就把独木桥扔进了湍急的水流当中。

这个时候，城镇的老百姓再也无法忍受了，他们一起跑了过去，把这个人扭送到了衙门，没过几天，经过大家的努力，又重新搭起了一座新的独木桥。

【滴水禅思】

领导者的使命不仅仅是带领整个团队前进，还需要帮助团队当中的成员获得进步。因为只有团队成员综合能力都获得进步和提升，整个团队的战斗力才会不断提升和加强，所以，领导者帮助下属是责任和义务，因此，千万不能因为帮助下属取得了进步就开始居功自傲，甚至是不尊重下属。

没有努力的需要，所以才会乱生枝节

【佛言今释】

因为害怕而希望找到一个避风港的人，是永远没有办法攀登到人生的最高峰的。在成长的过程中，人人都希望找到一个最佳的环境，但是，成长是离不开磨炼的，因此，不管我们处于多么恶劣的环境中，都不能够轻易屈服，如果你不能把困难征服，那么你最终就会被困难打倒。

【品读故事】

有一位一心大师在法门寺里参禅修行。

法门寺在当时是一个规模很大的寺院，香火一直非常旺盛，每天来到这里烧香和还愿的人总是络绎不绝，所以，从另一方面说明这里显然不是参禅者所说的那种万丈红尘之外的地方。

一心大师只想静下心来好好地参禅修道，早日提高自己的心灵境界，但是，由于寺院里面的法事和应酬太多了，根本就没有多少时间可以安心诵经。而且，一心大师渐渐发现尽管自己已经潜心研究了佛经多年，但是始终觉得自己的火候还不到，和寺院里面的其他人相比，自己的修行还差很远。

当时身边有人劝一心大师说："法门寺是一座大寺院，可以说是名满天下，藏龙卧虎，你想要在这里出人头地是非常困难的，你还不如到一些地理位置偏僻的小寺院去参禅修行，说不定你还能够得到一些收获。"

一心大师觉得这句话说得非常有道理，于是，他就鼓起勇气向师父道别，打算离开法门寺。

当方丈知道了一心大师的想法之后，问道："你觉得太阳和火烛哪一个更明亮一些呢?"

一心大师恭恭敬敬地回答说："当然是太阳了。"

"那你是愿意做烛火，还是做太阳呢?"方丈笑着问道。

一心大师不假思索地说道："我当然希望自己做太阳了。"

方丈听完一心大师的话之后，笑着说："好吧，既然你想要当太阳，那么就请跟我到寺院后面的树林里面走一趟吧!"

原来，法门寺的后山是一片郁郁葱葱的松林。当方丈带着一心大师穿过松林到达山顶的时候，这里只有一些灌木和零星的几棵松树。

方丈指着其中一棵最高的松树，对一心大师说："你看看，它可是这里最高的一棵松树，它能做什么呢?"

一心大师仔细看了看这棵松树，发现这棵松树虽然长得很高大，但是因为树干扭曲，枝叶长得很乱，根本没有什么用处，于是说道："像这样的树，真的没有什么太大的用处，我觉得只能够用来当柴火烧。"

方丈听完之后，没有说什么，带着一心大师又来到了另外一片树林，这里的树木长得非常茂盛，而且每一棵树都长得笔直参天。人走进去后，可以感受到一股强大的无形力量。

方丈指着眼前的这片林子，问道："你知道为什么眼前的这些树都笔直参天吗?"

一心大师想了想，回答说："大概这些树是为了获得更多的阳光吧。"

此时，方丈语重心长地说道："芸芸众生，莫不如此，这些松树为了能够争得一滴雨露，一线阳光，于是都奋力地向上，积极地努力，所以每棵树都长得茁壮挺拔。而那些远离了群体的树木，由于失去了努力向上的心，所以才会乱生枝节。"

一心大师听完方丈的话后，终于明白了方丈的用意，于是非常惭愧地说道："师父，我终于明白了，法门寺就是我的成长树林。"

后来，一心大师潜心苦修，最终成为一代名僧。

【滴水禅思】

任何一个领导者都需要经过磨炼，尤其是对于刚成为领导的人来说，经历磨炼，经历挫折才能成为优秀和成熟的领导者。如果一个领导者遇到一点儿困难和挫折就开始选择逃避，不敢正视问题，那么永远都是扶不起的阿斗。

人活一辈子，苦难一辈子

【佛言今释】

人们常说，金钱权势如粪土，生不带来，死不带去；名利就好像是虚云幻影，转眼成空。一个人一旦获得了成功，千万不要心存傲慢，一定要保持原有的生活和工作态度，时刻积极进取，才能真正得到别人的尊敬。

【品读故事】

大约在公元二世纪的时候，月氏人建立的国家北印度是中亚地区一个非常强大的国家。在它的领土之内，达摩蜜多的名字很早就被盛传开来。当时的人们都知道他是一位非常著名的高僧，而且神通广大。达摩蜜多当时就隐居在宾山的一个石洞里面，但是达摩蜜多到底相貌如何，却很少有人知道。

达摩蜜多的名声最后传到了国外，而且在南印度地区也开始流传开来，于是就有两位南印度的比丘不畏艰险，长途跋涉，来向达摩蜜多求教。

达摩蜜多所居住的山洞总共有上中下三层。当两名比丘刚刚来到下洞的时候，只见有很多的比丘都在打坐，勤奋修习。而在下洞里面有一位长相丑陋的老和尚，衣服非常破烂，正坐在火堆前面为众僧燃火，驱寒取暖。这个时候，两名比丘跑到了这位老者身边，问道："您好，达摩蜜多在吗？"

老和尚听完之后说道："在上洞里面，你们上去见他吧。"

当两个比丘来到上洞的时候，果然看见一位老僧在洞中端坐无语，状如高僧，只是他的相貌非常丑陋，而且衣服也是又脏又破，与下洞刚才坐在火堆前面为众僧燃火，驱寒取暖的高僧是同一个人。

两个比丘一问才知道，原来这个人就是达摩蜜多。达摩蜜多在接待了两个比丘之后，就运用神通来到了上洞。因此，这两名来访的比丘对于达摩蜜多的神通都感到非常吃惊，而且对于达摩蜜多的做法感到非常的不理解。

两名比丘问道："您是世界上最为著名的高僧大德了，您为什么还屈身替众位同伴燃火呢？"

达摩蜜多听完了这两名比丘的疑问之后，回答道："人活一辈子，可以说是苦难一辈子，要想从当中解脱更是非常困难的。为了能够让同伴们更好的修行，如果能够用我的脑袋点火，那么我也愿意为他们把自己的脑袋点了，而且不会有一点儿犹豫。至于为别人燃火这样的小事，既然能够帮助他们修行功德，我又何乐而不为呢？"

达摩蜜多能够在盛名之下不为所动，自甘平凡，说明达摩蜜多不仅具有极高的道德修养和宽厚的慈悲善心，也更好地说明达摩蜜多已经成功处理了地位、权势、名气等与自身的关系。

【滴水禅思】

一些领导者有了地位、权势或者是名气之后，是无法保持谦虚的心态的。而真正的领导者，越是有能力，越应该低调和谦虚，因为只有这样才能够获得下属和同事的爱戴与尊重。

第七章

事无完善，但能完成

——树立领导的责任意识

一字千金

佛珠还在

放下屠刀，立地成佛

要量刑得当

精进用功

老师我做了

我宁愿下地狱

泥泞路上才能留下脚印

这都几天了，怎么还没有来

一字千金

【佛言今释】

气大伤身，在很多时候，错误的决定往往是在冲动的情况下做出的。领导者想要做到一字千金，那么前提必须是在冷静的状态下做出决定。这样的决定才是正确的，有价值的。冲动的决定不仅无法带领团队更好地发展，而且还会影响到领导者自身的权威性。

【品读故事】

有一个人非常幸运，他家的围墙被雨水冲倒了，但从冲倒的墙缝里出现了一坛金子，这个人就这样一夜暴富了。

当时他看见这么多金子，根本不知道要用这坛金子来做什么。于是他来到了禅师的面前诉苦，希望能够使用这些金子买到一些智慧。禅师对他说："我可以把我的智慧卖给你，但是我的智慧是非常贵的。"

这个人毫不犹豫地回答说："太好了，多贵我都会买的，没有问题。"

禅师说："一字千金。"

这个人算都没有算，便说道："可以，我买得起。"

禅师说："当你生气的时候，向前走三步，向后退三步，这样往返三次。"

这个幸运的人赶紧把那坛金子抱了出来，他有一些紧张，因为他知道了禅师的智慧以后，发现金子已经不够了，他刚才的话说得太大了。

禅师此时此刻早就看清他的心思，说道："你回去吧。可以试验一下我的智慧，如果能够真正帮助到你，那么我只要你半坛金子，剩下的金子留给你养家糊口吧。"

他想了想，觉得这样的交易可行，于是就连夜赶回了家中，但是却发生了令人生气的一幕。

他听到他的妻子正与另外一个人说着亲密话，这时，他怒从心起，没想到自己深爱的妻子居然会做出这种对不起自己的事情，于是他就起了杀人之念。

但是就在这个时候，他忽然想起了禅师说过的话，于是他往前走了三步，又往后退了三步，就这样走了三次。他的脚步声惊动了屋里的人，传来母亲的声音："儿啊，你在外面做什么啊？为什么不进来啊，我是你老娘啊！"

这个人一听原来是自己母亲的声音，心里一阵后怕：如果不是我买来了智慧，今天没准就把母亲给错杀了。

到了第二天一大早，他很早就出了门，给禅师送金子去了。

【滴水禅思】

一字千金，这句话其实是告诉领导者要承担得起责任，特别是在做重大选择的时候，不要过于盲目，要懂得三思而后行，一味地冲动和不负责任地妄行只会给自己带来灾难。

佛珠还在

【佛言今释】

这是一出老师父精心策划的戏，虽然并不高明，但是也正如老师父所说的那样，小和尚明白了取舍的道理，懂得了顾全大局，舍弃了小我，成就了大我。其实，真正的承担就是要把我们的内心化成雨露甘霖，来滋润万物。

【品读故事】

有一座非常特殊的庙宇，它没有建在山头，也没有建在陆地，而是建在了一个很大的湖中央的小岛上。而这座庙与外界联系的唯一交通工具就是一只小舟，主要是供庙中厨师外出采购食物用的。

这座庙宇与世隔绝，拒绝任何前来的香客，对于一些慕名而来的游客更是谢绝。其实，这座庙是一座非常有名的寺院，因为在庙中供奉着一串佛珠，据说这串佛珠是一位高僧佩戴过的。

这座寺院是皇室斥资兴建的，寺院当中还有很多武林高手，他们是保护这串佛珠的。庙中的和尚更多的则是期盼能够借此山清水秀的地方，在佛珠的庇佑下好好修行，早日圆满。

可是，谁也没有想到的是，有一天，寺院里最年长的师父召集所有的人，告诉大家说："佛珠不见了。"

这可是天大的坏消息，寺院中的每一个人都难以置信。佛珠每天十二个时辰都有人轮流看守，而且这座寺院又处于湖中心，即使身手不凡的人进来也是需要借助船只的，但是他们从来没有发现过可疑的船只。

唯一的可能就是寺院出现了内贼。当时大家你看看我，我看看你，好像每一个人都成了被怀疑的对象，特别是厨房的师父。

但是这位寺院最老的师父却很平静地说道："大家都不要惊慌，只要偷佛珠的那个人能够悄悄地把佛珠还给我，我保证绝对不会声张此事，而且我还会把寺院当中另一件宝贝赠送给他。"师父说完之后，又补充说有七天的归还时间。

第一天，没有一个人承认；第二天，还是没有；第三天也是如此。一直等到了第七天，还是没有人承认。

和之前不同的是，互相尊重的大家彼此之间都出现了猜疑，而且彼此之间也不再交谈，寺院当中的气氛压抑得可怕。

老师父非常不高兴，他摇了摇头，对弟子们说道："很高兴大家都认为自己是清白的，即使是最珍贵的宝贝也不曾诱惑你们。如果你们依旧觉得自己是清白的，那么明天早晨就可以离开这里了，而你们在这里的修行也可以告一段落了。"

这样的夜晚注定是无法平静的，寺院中的每一个房间都是灯火通明，每个和尚都在忙忙碌碌地收拾着行李。但是有一个小和尚，他和其他和尚不同，他把行李收拾好，又打开了，之后再一次收拾好，又再一次打开。

第二天一大早，和尚们有秩序地站好，准备坐船依次离开，这个时候大家希望师父能够出来为大家送行。但是只有那个小和尚，他像许多天前一样，依旧静坐在佛前，正在诵经。其他的和尚看见了，都开始窃窃私语，大家认为佛珠一定是小和尚偷的，他怎么能够做出这样的事情呢！

大家在埋怨小和尚的同时，心中也松了一口气，因为终于有人站出来承认了。

此时只见师父走到小和尚的面前，问道："你为什么不肯离开，难道你不再坚持自己的清白了吗？"

小和尚双掌合十，说道："师父，不是小徒所为。"

师父听完之后问道："既然不是你拿的，为什么你要留下来被别人怀疑呢？"

小和尚答道："佛珠虽然没有了，但是佛心还在啊，我是为了修养佛心而来的。在七天的时间里，寺院中的每一个人都互相怀疑，可以说既伤害了别人也伤害了自己。只要有人站出来承担这一切，那么寺院就能够恢复平静，和从前一样了。"

听完小和尚的话，师父把所有的徒弟都叫了过来，并且从自己的衣袖中缓缓地拿出那串佛珠，原来佛珠根本就没有丢。

老师父庄重地把这串珍贵的佛珠戴在了小和尚的脖子上，说："佛珠一直都在，只有懂得承担，懂得顾全大局的人才有资格佩戴它。”

【滴水禅思】

米兰·昆德拉告诉我们：“一个人身上的担子越重，就越能感受到生活的充实与快乐。”每个人都要学会承担，特别是一个领导者，更应该有承担的勇气和顾全大局的意识。你肩上的担子越重，你所要承担的东西就越多，所需要考虑的问题就越长远，只有达到这样的深度，才能够算得上是真正的领导。

放下屠刀，立地成佛

【佛言今释】

这是一个很著名的成语，告诉我们“罪业”在佛法里面并不是严重的问题，最严重的则是一个人造了孽，但是又不愿意忏悔！佛学讲，忏悔的法水是可以洗干净一切罪业的！即使是受戒的人，不要怕犯戒，只怕不知道悔改，因为破戒不重，破见才变得严重。

【品读故事】

在很久以前，有一位无德禅师，他教育徒弟非常严格。而在他的徒弟当中，有一个小沙弥在走夜路的时候不小心踩死了一只青蛙。

无德禅师知道之后，严厉地教训他说：“你怎么能够这么做呢？怎么可以随便踩死生灵呢？你可知道，这是犯了杀生根本的大戒，为了免遭业报的轮回，你应该到后山去，并且跳下悬崖舍身谢罪！”

小沙弥听完无德禅师的话，霎时感觉五雷轰顶，这才知道自己闯下了多么大的祸，没有办法，他只好拜别师父，万分伤心地来到了后山的悬崖边，准备殉身谢罪。

当他往下一看，哎哟！这峭壁悬崖，只要往下一跳，肯定会摔得粉身碎骨。小沙弥此时心想：跳下去，肯定必死无疑；如果不跳，就违背了师父的命令，到底应该怎么办呢？小沙弥左思右想，真是太为难了，最后居然忍不住捂着脸痛哭起来。

就在小沙弥哭得最为伤心的时候，有一个杀猪的屠夫正好经过这里，他看见小沙弥正跪在路旁伤心地痛哭，于是便走上前去问道："小师父，你这是怎么了，为什么在这里哭得如此伤心呢？"

小沙弥回答说："我晚上赶路，不小心踩死了一只青蛙，我的师父则让我跳崖自杀，忏悔谢罪！"

屠夫听完，也是顿时悲从心生，悔恨万分地说道："小师父啊，你不过就是不小心踩死了一只青蛙，罪孽就如此的深重，需要跳崖才能够消业。可是我天天杀猪，屠来宰去，满手都沾满了血腥，那么这样的罪孽岂不是无量无边？我的罪孽还不知道有多深重呢！唉，小师父呀，你不要跳崖自杀了，还是让我来跳崖吧，让我来代你赴死谢罪！"

屠夫此时生出忏悔之心，于是毫不犹豫地纵身跳了下去，当他随风飞坠，眼看就要命丧悬崖深谷的时候，一朵祥云突然从幽谷当中慢慢升起，更让人不可思议的是，祥云居然托住了屠夫的身体，挽救了他的性命。

【滴水禅思】

一些资质甚高的领导者，因为自己的粗心大意，在工作中出现了失误，但是却碍于面子，碍于自己的权威而不敢承认错误。其实，在下属的眼中，领导犯错误是可以理解的，但是一个怕承认错误，怕承担责任的领导是不可能得到大家尊重的。

要量刑得当

【佛言今释】

佛陀说过这样四句话："遇事详观察，勿行莽撞事。否则恩爱隔，终生不堪苦。"这是说，在做任何事情之前，一定要进行全面而细致的分析，千万不要凭借自己的一时冲动鲁莽行事，否则事情永远都不会有良性的发展。

【品读故事】

在很久以前，瓶沙王先祖执政的时候，惩罚罪犯的方法非常简单，比如说抓住了偷盗者，就用手掌拍打他的头顶，这样的话他就觉得非常惭愧，之后再也不去做偷鸡摸狗的事情了。

在瓶沙王的父亲执政的时期，惩罚罪犯的方法则发生了非常大的变化。比如说抓到了偷盗者，就会把他们赶出城门，这对于他们来说是非常羞愧的一件事情，从此之后也就不会再偷东西了。

到了瓶沙王执政之时，惩罚罪犯的方式又发生了改变，如果是抓到了偷盗者，那么就把其驱逐出国境。

在当时有一个惯偷，先后被抓住了七次，被驱逐了七次。但是他却贼心不改，本性难移，最后居然走上了杀人抢劫的道路。当负责治安的人员第八次抓到他之后，就把他押解到了瓶沙王的面前，请求瓶沙王给予重判。

瓶沙王听说这个惯偷屡教不改，于是非常气愤，就下令立即砍掉此人的手作为惩罚。执行官知道瓶沙王有优柔寡断的性格，于是在得到瓶沙王的命令之后，就立即执行了。

后来，瓶沙王开始后悔起来，他心想：我这么做是不是有点儿残忍了，我自己咬自己的手指头一下都非常疼痛，更何况要砍去他的一双手？于是，瓶沙王又下令撤回了对那个惯犯的惩罚。但是，当瓶沙工知道惯犯已经被执行了刑罚之后，心中是又痛苦，又矛盾，于是就带着这些疑问去找佛陀。

瓶沙王对佛陀说：“在我执政的时候，恶人越来越多，而我作为一国之君，没有教化臣民遵守法制，反而还做出了吹人手的错误决定，我现在才发现自己的修养是多么低下，所以我想请世尊给我开示。”

佛陀听完瓶沙王的陈述，对他说：“治理一个国家一定要有法度，千万不要无休止地宽容大度，当然，也不能够穷凶极恶地使用酷刑。就以你所说的惩治盗贼来讲，应该按照他偷盗了多少次，偷了多少钱财来划分惩罚的等级，不同的等级使用不同的惩罚方式，这样才是量刑适度，而且也只有这样对罪犯才具有惩戒的作用。”

瓶沙王听完了佛陀的话，顿然醒悟，回国后，制定了一系列量刑处罚的法律。

【滴水禅思】

领导者想要做出正确的决定，就需要先让自己冷静下来，千万不要鲁莽行事。特别是对于一些突发事件和紧急情况，领导者更需要沉着冷静，做出正确、周全的决定，只有这样才能够化险为夷，把突发事件带来的不良影响降到最低。

精进用功

【佛言今释】

我们播下了慈悲的种子，那么世人就可以享受到丰硕的果实；我们留下几句温暖的话语，那么整个世界都将是一片和谐幸福。佛陀的伟大精神就是为了一切众生的利益着想，处处牺牲自我，成全他人。

【品读故事】

佛陀出生在古印度，成道之后，开始四处云游，向人们阐释佛理，并且广说佛法要义，可以说教化了无数的弟子。

佛陀就好像是一位慈爱的父亲，更好像是黑暗当中的一盏名灯，给人们无限的关怀和光明。

有一天，佛陀亲自巡视弟子们的房间，发现有一名比丘正躺在床上，于是佛陀关心地问道："你身体还好吗？是不是心中有什么烦心事?"这名比丘听见佛陀的声音，准备起身迎接，但是由于身体太过虚弱，最后居然瘫在了床上。

佛陀发现比丘病得如此之重，于是关切地问道："你病成这样也没有人来照顾你吗?"这名比丘很是惭愧地说道："之前别人生病了我很少关心，现如今自己生病了，所以也就很少有人来照顾我了。"

佛陀听了这名比丘的话，便默默地给比丘擦洗身体，还帮助其清理了污物，最后把比丘的房间打扫得干干净净。

这一切都被帝释天看见了，他被佛陀的善举感染了，也来到比丘身边，用圣水为他清洗，而佛陀又给比丘按摩身体。顿时，比丘感觉身心轻快，全身舒畅，所有的痛苦在这一刻都化成了一股清泉。

佛陀此时对比丘说："你自从出家到现在，整个人非常放逸，不知道认真学习解脱烦恼之法，所以才会得今天的疾病。今天之后，你务必要精进用功才是。"

比丘听完之后，非常虔诚地跪拜在佛陀的脚下，极度忏悔地说道："佛陀啊，承蒙您的厚爱和庇佑，如果不是您的慈悲之心，弟子可能早就没命了。弟子从今天开始，一定会开始用功，上求佛道保佑，普度济世。"

后来，这名比丘真心用功，精进修行，最终修成正果。

【滴水禅思】

什么是真正的领导者？真正的领导者应该把群众的利益放在首位，心中时刻装着人民群众的利益。领导者是全心全意为人民群众服务的，绝对不是高高在上，侵犯人民群众利益的。只有切实地为人民群众着想、关心群众，才能够获得人民群众的爱戴和景仰。

老师我做了

【佛言今释】

从古至今，每一个追求成功的人都必须付出长久的努力。正所谓："世上无难事，只要肯登攀。"一个人也只有坚持，付出努力，才能够一步步地走向成功。

【品读故事】

有一天，弟子们问禅师："师父，如何才能够成功呢？"

禅师对弟子们说道："今天我带领大家学习一件非常简单的事情，当然也是最容易的事情。你们每一个人都把自己的胳膊尽量地往前甩，之后再尽量地往后甩。"说完之后，禅师给弟子们示范了一遍，接着说道："从今天开始，你们每天做三百次，大家都能够做到吗？"

弟子们听完禅师的话感到非常疑惑，于是问道："为什么我们要做这样的事情？"

禅师说道："当你们做完了这件事情，在一年之后，你们就知道如何成功了。"

弟子们心想：这么简单的事情，谁做不到啊。于是弟子们全都答应了。

就在一个月之后，禅师把弟子们召集在一起，问道："我让你们做的事情，你们有谁坚持下来了？"当时大多数的弟子都说道："我做了。"禅师听完之后非常满意地点了点头说道："好。"

又过了一个月，禅师问道："我让你们做的事情，现在还有多少人能够坚持？"结果这一次只有一半的弟子还能够坚持。

又过了一年，禅师再一次问大家："今天，请你们告诉我，最简单的动作你们还有谁坚持着？"这个时候，有一个小和尚非常骄傲地说道："师父，我坚持做了。"

于是，禅师把弟子们都叫到身边，对他们说道："我曾经告诉过你们，只要做完了这件事情，你们就知道如何才能成功。而今天，我想要告诉你们的是，在这个世界上，最容易的事情也是最难的事情；而最难的事情也是最简单的事情。有的时候说它容易，是因为只要愿意去做，那么每个人都可以做到；说它难，是因为真正能够做到并且持之以恒的，往往只有极少数人。"

后来，一直坚持做着简单动作的小和尚终于成为禅师的衣钵传人。

【滴水禅思】

想要获得成功，其实很简单，就是坚持到底。很多领导者在做事情的时候，没有坚韧的毅力，遇到一点儿困难或者挫折就开始失去信心，动摇自己的决定，甚至到头来放弃自己的领导位置，这显然是不对的。领导者要比其他人更有坚韧的品质，这种品质能够排除万难，使其最终获得成功。

我宁愿下地狱

【佛言今释】

每个人的一生当中，总是会遇到安逸的诱惑。而安逸是通往成功道路的最大障碍，只有艰难困苦，才能够玉汝于成。其实，我们每一个人都向往安逸的生活，经过了长期的跋涉，进行短暂安逸的休息这是无可厚非的，但是，如果长期被安逸束缚，那么必然会摧毁你的斗志，最终毁掉你的一生。

【品读故事】

无德禅师每次收徒弟之前，总是要叮嘱他们把原来所有的一切都丢到山门之外。在禅堂当中，无德禅师要求弟子们“色身交予常住，性命付给龙天”。

但是，总有一些弟子好吃懒做，不愿意干活；还有一些弟子贪图享乐，攀缘俗事。于是，无德禅师就给弟子们讲了下面的这个故事。

有一个人死后，他的灵魂来到了一个大门前。在进门的时候，司阍问他：“你喜欢吃吗？这里面有非常美味的食物。你喜欢睡觉吗？这里有世界上最舒适的床，你想睡多久就能睡多久。你喜欢玩吗？这里面所有的娱乐项目你可以随意玩耍；你不是不喜欢工作吗？我保证你无事可做，没有人约束你。”

这个人听完这些之后非常高兴地留了下来，他每天吃完就睡，睡起就玩，整天都是边吃边玩。三个月的时间过去，这个人开始觉得没有意思了。于是他找到司阍说：“这样的日子实在是太没有意思了，我现在已经没有什么兴趣了，您能够给我找一份工作吗？”

司阍回答说："对不起，这里没有工作。"

就这样，这个人又忍受了三个月的时间，他实在无法忍受了，再一次找到司阍说道："这样的日子我实在无法忍受了，如果再没有工作，我宁愿下地狱去。"

司阍听完这个人的话，哈哈大笑了起来，说道："这里本来就是地狱啊。你以为这里是极乐世界吗？在这里，你失去了理想，更没有了创造，你一事无成，这种心灵上的煎熬，相当于上刀山、下油锅遭受的痛苦，你自然会受不了。"

无德禅师讲完这个故事后，弟子们顿时开悟了。

【滴水禅思】

领导者在领导岗位上不仅要有责任心，还要有强烈的使命感。很多领导者坐在领导岗位上，无所事事，不求上进，满足于现状，这样的一种安逸状态其实就是对领导责任的亵渎，这也必将成为领导者获得成功的最大障碍。

泥泞路上才能留下脚印

【佛言今释】

很多时候，我们不要去羡慕鲜花的芬芳，如果失去了泥土的滋养，那么它们是不可能有绽放的机会的，因此，在任何成功的背后必定会有辛勤的耕耘，正所谓"一分耕耘，一分收获"。

【品读故事】

鉴真法师刚入空门的时候，住持让他从最辛苦的行脚僧开始磨炼。

有一天，已经是日上三竿了，但是鉴真还没有起来，住持觉得非常奇怪，就来到了鉴真的宿舍里查看。

当住持推开宿舍门的时候，发现在床边有一堆破破烂烂的草鞋，于是住持叫醒了鉴真，问道："你今天怎么不出去化缘呢？你床边的这些破草鞋是用来做什么的？"

鉴真听到住持发问，于是打了一个哈欠，说道："这些是别人一年都穿不破的草鞋，如今我剃度出家一年多了，但是却穿破了这么多的鞋，今天我想要为寺院里节省一些鞋。"

住持听完了鉴真的话，终于明白了鉴真的心思，于是笑了笑对鉴真说道："昨天夜里下了一场雨，你赶紧起来跟我到寺院中走走吧。"

由于昨晚的一场雨，寺院里面的道路变得泥泞不堪。

走着走着，忽然，住持拍了拍鉴真的肩膀说道："你以后是想当一个只会撞钟的和尚，还是想成为一名发扬佛法，普度众生的名僧呢？"

鉴真说道："我当然想当能够普度众生的名僧了。"

于是住持手捻胡须笑着说："你昨天有没有走过这条路？"

鉴真说："没有。"

住持又问："那么你现在找到自己的脚印了吗？"

鉴真听完住持的问题，非常不解地说："昨天这里是平坦、坚硬的道路，而今天这里却变得如此的泥泞不堪，我又怎么去寻找自己的脚印呢？"

住持接着又笑了笑说道："那么我们今天就在这路上走一回，你看看能不能找到自己的脚印。"

鉴真非常自信地说道："当然可以了。"

住持微笑着说道："是的，只有在泥泞的道路上才能够留下足印。我们也只有经过艰苦的跋涉，终有一天才会留下痕迹。就好像此刻，我们行走在这片泥土地上一样，不管走得多远，足迹终将印在泥土当中，印证着我们的存在。”

【滴水禅思】

领导者最害怕的就是倦怠，失去斗志。唯有勤奋、敢于担当的人，才能够在前进的道路上留下每一步深深的印记，一步步地踏实向前，通向成功的彼岸。

这都几天了，怎么还没有来

【佛言今释】

一个有着高尚品德的人，在考虑自身安危的时候也不会忘记别人的利益，而且有的时候他们为了保护他人，宁愿让自己承受一些屈辱、磨难，他们的做人原则就是不让别人陷入绝境，通过自己的努力帮助别人脱离苦难。

【品读故事】

在很久以前，有一个非常贫困的沙门，他穷得什么都没有了，但是，他却是一个非常虔诚的佛教徒，并且从来都不伤害生灵，甚至有的时候还会因为保护生灵而让自己受伤。

有一次，这个沙门一连三天都没有吃东西了，早就饿得头昏眼花。当他路过一户人家的时候，就跌跌撞撞地进去要些食物。原来这是一个非常有钱的人家，房里的装饰更是富丽堂皇，陈设也是非常讲究。

当时家里的女主人看见沙门实在是太可怜了，于是就令用人给他端上丰盛的饭菜来款待他。沙门非常高兴，于是就开始狼吞虎咽地吃了起来。

这个家庭的男主人非常喜欢收集珠宝，常常花费很多钱购买来自全国各地的珍贵珠宝，而且他家中所珍藏的珠宝也算得上是世界上最名贵的，简直可以开一个珍宝博物馆了。

这一天，男主人又非常高兴地拿回来一颗珍珠，这可是一颗光彩照人、价值连城的好珍珠啊。他兴奋地冲回了自己家，当时只有沙门一个人在吃饭，于是他就把珠子放到了桌子上，转身去里面换衣服了。可是，就在男主人转身的一刹那，家里面养的一只鹦鹉飞了过来，一下子就把那颗珍贵的珍珠给吃了。

不一会儿，男主人就换好了衣服和妻子一起出来了。可是，他发现刚才那一颗珍贵的珍珠不翼而飞了，于是就非常着急地问沙门："那颗珠子到哪里去了？"

沙门当时全部心思放在吃饭上面，根本就没有注意到珍珠，所以他听到男主人的问话也非常惊讶，于是随口回答说："什么珠子啊？我不知道啊。"

男主人这个时候着急地问道："那么刚才有人来过吗？"

沙门回答说："没有人来过。"

听完这句话，男主人开始大发脾气，吼道："我刚才分明把珍珠放在了桌子上，而这里面除了你，再也没有其他人来过，珍珠怎么可能在转眼之间就不见了呢？肯定是你偷的，你真是一个没有良心的东西，我们觉得你可怜，好心好意招待你，可是没想到你却恩将仇报，偷我们的东西。你今天必须老老实实地把珍珠给我交出来，否则我就让你死在这里。"

沙门听完男主人的咆哮之后，并没有着急解释，而是非常淡定地说："我不知道，反正我没有拿。"

男主人听完之后更加生气了，于是就拿起一根棍子，劈头盖脸朝沙门打去，结果沙门被打倒在地，鲜血马上就流了出来。而就在这个时候，鹦鹉过来喝沙门的血，结果也被男主人给打倒了。这时，沙门说话了：“不要打了，我来告诉你吧，是你的鹦鹉吃了你的那颗珍珠。”

男主人还是不太相信，于是就命人把鹦鹉的肚子剖开，结果还真的找到了那颗珠子。这个时候，男主人对沙门说：“你知道鹦鹉吃了我的珍珠，为什么不早点儿说呢？还受了我一棍。”

沙门说：“我坚持佛戒，从来不杀生，本来是想告诉你事情的真相的，但是，我又担心鹦鹉会遭到剖腹的结果。现如今，鹦鹉已经死了，所以，对于我来说也就无所谓了。如果鹦鹉还没有死，那么即使你打死我，我也是不会说的。”

男主人听完沙门的话后，感到非常内疚，于是连连向沙门道歉。可是，沙门却一点儿也不生气，就好像这件事情从来没有发生过一样。

【滴水禅思】

领导者要有领导的风范，在遇到突发事件时，或者需要进行利益选择的时候，领导者首先要考虑的不应是自己的利益，而是下属的利益。有的时候领导者需要有牺牲的精神，能够舍弃自己的利益，成全他人的利益，这是一种责任心的体现。

第八章

小疑小悟，大疑大悟，不疑不悟

——时刻具有创新意识

我才不给你们留下模仿的机会

【佛言今释】

这句话是临济禅师在圆寂时对弟子说的一句话，为的就是让弟子记住，学习东西也要有自己的创新，要有怀疑精神，不能老师说什么就是什么。要懂得学习的本质不是模仿，而是创新。

【品读故事】

有一天，临济禅师意识到自己已经时日不多了，于是他召集众弟子说："我圆寂以后，你们不可让正法也随我而去。"

当时他的大弟子叫惠然，他立即表明态度说："我们身为您的弟子，是绝对不会将老师的正法灭却的，我们一定会永远牢记在心中。"众弟子听后也都一致表示同意大师兄惠然的意见。

临济禅师听后点了点头，然后问道："那么，如果以后有人问我的禅法是什么，你们该怎么回答呢？"惠然于是马上学着平时临济禅师教导他们的方法，高声大喝！

可是临济禅师听了以后却很不高兴，他叹了一口气说道："我真没有想到啊，我的正法要在你们这些弟子这里灭却，你们真是让我太失望了。"说完，临济禅师端坐在法座上寂然不语。

这个时候，他的弟子们都伤心不已，惠然对禅师的言行感到不能理解，于是对大家说："师父平时教导我们都是大喝一声，今天我这样做有什么不对吗？"

众弟子正在犯疑，这时临济禅师突然睁开眼说道："我吃你们的饭，你们能饱吗？我要死了你们能代替吗？"弟子听后急忙跪在地上痛哭。

大弟子惠然请求道："师父，弟子不明白您的教诲，请您不要着急离开，再多给我们一些明示吧。"

临济禅师这时突然大喝一声："我才不给你们留下模仿的机会。"说完，临济禅师就圆寂了。

而这句话却永远都在弟子们的耳边回荡。

【滴水禅思】

临济禅师给弟子们留下的是参禅的精神，而不是具体的行为，精神是模仿不了的。领导者在工作中如果单纯地去模仿别人，是没有任何价值的，只有领会了其中的领导精神，才能得到实在的收获。我们要记住：模仿是手段，创新才是目的。所以当你模仿别人的时候，一定要时刻提醒自己，超越模仿才是成功之道。

你善解塑像，不善解佛性

【佛言今释】

这句话是六祖慧能对方辩说的一句话，其实就是要告诉方辩，仅仅看懂表面，领悟表面的道理是不够的，甚至有的时候是错误的。只有真正用心领悟，领悟到事情的本质，这才是最关键的。

【品读故事】

有一位蜀地的僧人，他的法号叫方辩，他千里迢迢来参见六祖慧能大师。

于是六祖慧能就开始和他随意地闲谈，在闲谈的过程中观察他的悟性和悟境。

方辩忽然说道："大师，我会捏泥塑像，要不我给您塑一个像吧。"

六祖慧能听完之后，心中有意点化他，于是就引导他说："那你就试着塑塑看吧。"

很可惜，方辩并没有仔细领会六祖慧能这句话的深意，于是他就马上动手给六祖慧能塑造了一尊像。塑像高大约七尺，惟妙惟肖，栩栩如生，可以说表现出了非常高的技巧。

方辩非常得意，于是他请六祖慧能来看他的塑像。六祖慧能看完了塑像后，进一步开示他道："看来你真的非常了解塑性，但是你还是不了解佛性呀！"

方辩听完之后，张口结舌了半天时间，不知道应该怎么回答。

六祖慧能看见他还是没有领悟，于是叹了一口气，送给了他一些衣物作为酬谢，方辩称谢而去。

【滴水禅思】

方辩以一颗世俗之心来做塑像，虽然可以把塑像做得活灵活现，栩栩如生，可是自己的心灵却没有什么领悟。所以，领导者做事情需要有领悟的精神，更需要有创新的意识，敢于打破一些陈旧的领导理念。

树和鸽就很悠闲

【佛言今释】

一颗悠闲的心，一件忙碌的事情，这才是真正的工作，才是快乐的工作。我们放松自己的精神去做事情，不仅事半功倍，甚至还会远离工作压力，不至于身心疲惫。

【品读故事】

在一个夏日的午后，小和尚和师父正在寺院后面的菜地里仔细锄着杂草，终于，经过两个人辛勤的劳作，最后一棵杂草也被清除干净了。此时一丝凉风从树梢之间吹过，树叶沙沙作响，阳光照射在师徒二人的身上。

只见小和尚擦了擦自己额头上的汗珠，又用手掌不断扇着，脸上露出非常轻松的表情，说道："师父，咱们忙碌半天，终于忙完了，现在可以好好休息一下了，享受一下这凉爽的微风。"

师父打来一盆清水，一边清洗着身上的热汗，一边回答说："其实树也是非常忙的。"

小和尚听完之后非常不解，于是问道："树很忙碌，它们一天都做了什么呢？"

师父把小和尚带到树下，说道："你看，它的根正在一点点地往地下深入，不断吸收着水分。与此同时，整棵树都在不断地吸收着二氧化碳，它的叶子需要进行光合作用，吐出氧气，而现在，它正在大自然的帮助之下给我们带来丝丝的凉风。"

小和尚想了想说道："您的意思是世间万物都在忙碌。您看不远处的鸽子，虽然它很悠闲地待在那里，可是它也需要不断地觅食。这么看来，好像万事万物没有什么是真正悠闲的，那么师父，到底什么才算是真正悠闲的呢？"

师父听完之后笑了笑，拿起锄头朝工具室走去，一边走一边对小和尚说道："树和鸽子就很悠闲啊！"

小和尚刚才以为自己明白了，可是听完了师父的这句话，又糊涂了。他再一次问道："师父，您刚才不是还说它们都很忙吗，这会儿怎么又变得很闲了？"

师父哈哈笑着，说道："徒儿，你刚才不是说它们也很悠闲吗，其实它们至少还保存了一颗悠闲的心，它们是在用悠闲的心来面对忙碌的事情啊!”

【滴水禅思】

很多时候，我们总认为做领导工作，必须高度紧张，绷紧脑中的一根责任弦。其实，大可不必这样，领导者需要有创新意识，要敢于尝试新颖的领导方式，不妨用一颗悠闲的心去对待你的领导工作，也许会收到意想不到的效果。

此子粗俗不堪，只怕难成大器

【佛言今释】

窥基提出的这三个条件，可以说条条都触犯了佛法的大忌，但是从另外一个角度来看，也显示出了窥基的个性。而玄奘在听完了他的要求之后不动声色，一口答应，这也更加表现了玄奘随机应变，机智灵活的智慧。

【品读故事】

窥基是唐代左金吾将军尉迟宗之子，他后来跟从玄奘出家了，成为玄奘的得意门生。他一生写了非常多的名著，主要宣扬玄奘传入的法相唯识学，可以说是佛教历史上非常著名的人物。但是，关于窥基的出家原因却是非常奇特的，他是被父亲一怒之下赶出来的。

在贞观十九年（公元645年），玄奘刚从印度游学回来，他在长安创办了译经道场，一边翻译佛教经典，一边讲经说法传道。在从事翻译传道事业的同时，玄奘还非常注意物色和培养优秀的人才。

有一次，玄奘在街道上行走，结果遇到了眉清目秀、聪慧大方的窥基，于是就想要收他为弟子。可是玄奘一打听才知道，窥基是尉迟将军的宝贝儿子，而且窥基的名气在当时的长安已经是人人皆知了。

窥基虽然是武将出身，但是他从小通学儒典，善于行文，而且他的文章得到了很多公卿大夫的赏识。玄奘心想，这样一个宝贝儿子，尉迟将军能够忍痛舍弃吗？但是不管怎样，玄奘都打算先试一试。

这一天，玄奘来到了尉迟将军的家中，还带着一个从西域收来的徒弟。这个徒弟比窥基年纪小，但是也是聪明绝伦，记忆能力更是很少有人能比。

玄奘跟将军东聊一句，西聊一句，一会儿工夫就把话题转移到了窥基的身上。

玄奘说道："听说将军的公子文采横溢，才华出众，为什么不请出来让贫僧见一见呢？"

尉迟将军听完之后，哈哈大笑道："小小的孩子能够有什么才华，还不是大家在外面乱说。"尉迟将军虽然嘴上这么说，但是心中为自己能够有这样一个优秀的孩子而骄傲。于是把孩子叫出来说道："孩儿，这位法师想要看下你的学问，你把自己学习过的兵书讲给法师听听吧，一定要用心背诵，千万不要扫了法师的雅兴。"

儿子在得到父亲的命令之后，就把自己学习过的兵书毫不停顿，从头到尾背诵了一遍，一字不差。

玄奘听着他背诵，心中也是非常的高兴，在听的过程中，玄奘几次向小徒弟使眼色，让他用心记住这些内容。

窥基把兵书背完之后，玄奘赞美道："果然是名不虚传，真不愧是将门虎子。"

尉迟将军谢道："法师说的哪里话，您真是太过奖了，这样很容易把孩子给宠坏了。"

这时，玄奘对身边的小徒弟说道："徒儿，这是上古的兵书，刚才这位哥哥已经背诵完了，你也背一背，看看到底记住了多少。"

玄奘的小徒弟也从头到尾背诵了一遍，并且也是一字不差。这可气坏了尉迟将军，但是他又不敢得罪玄奘，于是就迁怒到儿子身上，说："你这个孽子，真是把为父的脸给丢尽了，你学了这么长时间，没想到还赶不上一个小孩子，我留你还有何用，我杀了你算了。"

玄奘一看自己的妙计有效果了，就赶紧劝阻道："大将军，息怒息怒，公子真的是聪明绝顶，你既然不喜欢他了，倒不如让他做我的徒弟。我在印度的时候，就有大师告诉我，让我赶紧回来，说我的弟子在这边，其实这位弟子就是你的儿子啊。"

尉迟将军却说："这孩子粗俗不堪，只怕日后难成大器啊。"

玄奘笑着说："此子的学问气度，也只有将军才能够培养出来，而也只有贫僧才能够识得，如果将军你不反对的话，不如就让他做我的徒弟好了。"

当时尉迟将军怒气还在，也没有仔细考虑就同意了玄奘的请求。

但是窥基并不甘心，他觉得出家当和尚实在是太苦了，不仅不能够吃肉喝酒，而且还不能随便外出，自己实在是受不了。

于是窥基提出了条件，说道："让我出家可以，但是你必须答应我三个条件。第一，千万不要强迫我节制情欲，我出家之后照样能够娶妻纳妾；第二，能够让我大鱼大肉吃个痛快；第三，能够让我随意外出，不必遵守寺院的规矩。如果你能够答应我这三个条件，那么我就随你出家，反正现在我的父亲也不要我了。"

玄奘一听，心中自然大喜。虽然公子提出的这三个条件是很高的，但是时间一长，相信自己能够感化他，让他好好地修行。现在不管怎么说，只要能够把其收为弟子就好。

于是，玄奘便答应了他的要求，领着他出家了。后来，到了贞观二十二年（公元648年），窥基已经十七岁了，而且在玄奘的教导下已经逐渐改变了当初的想法，他真正喜欢上了佛法，最后正式受戒，剃发出家了。

【滴水禅思】

在实际工作中，作为领导者，要时刻具有创新意识，能够在处理复杂问题的时候随机应变，并且能够因人制宜，灵活处理各种复杂的情况，这样才可以算得上是一个优秀的领导者。

怎样才能除掉杂草

【佛言今释】

除掉心中的杂草，最好的办法不是使用蛮力或者暴力，而应该巧妙地在心中种植上新鲜的种子，用新鲜的事物来平衡旧事物，那么我们心中的死结也就会慢慢打开。其实，我们的心灵就是一个花园，需要我们时时耕种。

【品读故事】

阳春三月，弟子们都围坐在师父的周围，希望师父能够开示世间的奥秘。

师父一直默默无语，紧闭双眼，突然，师父开口问道："你们大家说说，怎样除掉旷野当中的杂草？"弟子们听完之后非常吃惊，没想到师父会问这么简单的问题。

于是第一个弟子说道："给我一把铲子，把杂草铲掉就行了。"师父听完之后微笑着点了点头。

而第二个弟子说道："我一把火就能够把杂草烧掉。"师父听完之后依旧微笑着点了点头。

第三个弟子说道："我在杂草上面撒一些石灰，就可以把草根除掉。”师父听完之后还是笑着点了点头。

此时第四个弟子开口说道：“你们那些方法是不行的，都不能够除根，斩草要除根，咱们只有把草根挖出来，才能够彻底除去杂草。”

师父听完徒弟四人的话，说道：“这样吧，你们把这片地分成几块，每个人负责一块，用你们刚才说的办法去除杂草，明年咱们看一看到底谁的方法可行。”

到了第二年，徒弟们来到那片土地上，发现当初的杂草早已经不见了，而是长满了金灿灿的庄稼，这个时候，徒弟们才知道，原来他们的方法都是行不通的，只有在土地上种上庄稼这一方法可行。

这时，徒弟们都围着庄稼坐下，眼中饱含泪水，因为他们的师父已经圆寂了，这是师父给他们上的最后一课。

【滴水禅思】

在实际工作中，我们需要时刻保持一种创新精神，解决同样的问题敢于尝试不同的解决方法，从而找到一种最好的解决方法。很多领导者因固守旧，非常保守，常使用陈旧的办法来应对新问题，结果导致工作效率低下，因此，领导者要敢于尝试，大胆创新。

重来一次

【佛言今释】

“重来一次”意味着还需要重新来过，这样是浪费时间和精力的。因此在很多时候，与其硬碰硬，不如学会变通，特别是当客观条件无法转变的时候，那么就改变自己的观念、改变自己的思路，只有这样才能够在绝境当中寻找到一条通往成功的道路。

【品读故事】

从前有一个穷人，他有一个非常漂亮的女儿。由于穷人家里实在是太穷了，而且妻子又体弱多病，所以他不得不向富人借钱来养活一家人。

马上就要过年了，穷人实在是还不起富人的钱，于是就来到富人的家中，希望富人能够再宽限他一个月的时间。

富人听完穷人的描述，根本就不相信他家里真的穷到那种地步了，于是他就亲自来到穷人的家中查看。

当富人来到穷人家后，一眼就看见了穷人家中漂亮的女儿，于是富人想了一个坏主意。他对穷人说道："我看你家中实在是太困难了，我也并不是要难为你，我看这样吧，我把两个石子，一个是黑色，一个是白色，放到一个黑色的罐子里，如果你摸到的是白色，那么我就不用你还钱了。但是，如果你摸到的是黑色，那么你就把你的女儿嫁给我抵债。"

穷人没有办法，只好答应了。

正当富人把石子放进黑色罐子的时候，穷人的女儿从旁边路过，发现富人居然把两个黑色的石子放了进去。

穷人的女儿当时真想当众揭穿富人的诡计，但是为了给富人留一些面子，于是心中暗生一妙计，并且把这个想法告诉了父亲。

于是，当穷人摸到石头，并且从罐子里往外拿的时候，他故意让自己的手"不小心"甩了一下，结果富人还没有来得及看清石子的颜色，石子就掉到了地下，与地面上的其他石子混在了一起，无法分辨。

而这个时候，富人说道："这样吧，刚才没看清，你再摸一次。"穷人的女儿说道："不用摸了，只需要看看罐子里面剩下的那颗石子是什么颜色的，就知道我爸爸刚才摸到的是什么颜色的石子了。"

只见她把手伸进罐子当中，拿出了黑色的石子，富人只得兑现了当初说的话。

【滴水禅思】

领导者在遇到问题的时候，不要不知道变通，只想着一条路走到黑。有的时候，不撞南墙不回头的精神固然值得我们学习和尊重，但是如果懂得变通，适时转弯，就会给我们开辟出一条新路，一个新的思维！

做回你的师父吧

【佛言今释】

在工作当中，我们应该多动脑筋，并且善于利用自己的智慧来解决遇到的问题，这才是化被动为主动，千万不能够坐以待毙，正所谓“车到山前必有路，船到桥头自然直”，只要我们愿意想办法，那么一定能够克服困难，解决问题。

【品读故事】

有一天，有一名信徒找到了一休大师，说道：“大师，我想要自杀，还是请您超度我吧。”

一休大师听完之后问道：“施主，你能否告诉我，为什么你要选择自杀呢?”

“不瞒大师您说，我做生意失败了，欠了很多的钱，每天都有债主上门来找我要钱，我已经被逼得生不如死了，我现在已经走投无路了，所以我想一死了之。”信徒回答道。

“施主，难道你除了死，就没有想过其他的什么办法吗?”一休大师问。

这个时候信徒的表情变得更加痛苦了，说道：“大师，我现在除了一个年幼的女儿，别的什么都没有了。”

一休大师听完之后面露喜色，说道：“哦，那太好了，我已经有办法了。施主你可以把你的女儿嫁给一个富人，找到一个乘龙快婿，让他来帮助你还钱。”

信徒听完之后非常失望地说道：“大师，您真是会开玩笑啊，我的女儿今年才八岁，怎么可能现在就嫁人啊?”

一休大师说道：“怎么不可能呢？施主你可以将你的女儿嫁给我啊！我来做你的女婿，帮助你还债啊。”

信徒听完之后大惊失色地说道：“这不行啊，这万万使不得的，您是出家人，怎么可以做我的女婿呢?”

当时，一休大师胸有成竹地摆了摆手，说道：“好了，好了，我已经做出了决定，施主你现在就赶紧回去宣布这件事情吧，等到迎亲那天，我一定会去你的家里做你的女婿，帮助你还债，你赶紧回去进行安排吧!”

这名信徒对一休大师是非常敬重的，于是回家之后他就立即宣布了这件婚事。

这个消息一经传出就让小镇上所有的人震惊，而等到迎亲那天，看热闹的人简直是人山人海，把道路围得水泄不通。

等到一休大师到达之后，他就吩咐信徒搬一把椅子放在门前，放上文房四宝，自己开始写起了书法。

看热闹的人看见一休大师的书法写得非常好，于是就开始争着抢着购买，反而忘记了今天是一休大师给信徒做女婿的日子，而其他人也都忘记了来这里的目的。

整整一天，一休大师都在忙着写书法，而看热闹的人也都疯狂地购买一休大师的书法作品，因此，一休大师赚到的钱很快就堆满了几大箩筐。

这时，一休大师问信徒："这些钱够你还债了吗?"

信徒很惊讶地跪在地上说道："够了，够了。大师，您简直是神通广大啊，一下子就赚到了这么多的钱。"

一休大师这个时候拂袖说道："好了，既然施主你的问题已经解决了，那么我也就不做你的女婿了，我还是做回你的师父吧!"

【滴水禅思】

领导者在遇到困难和问题的时候，千万不能够坐以待毙，一定要找到解决问题的办法，要相信自己的能力，发挥自己的聪明才智和领导才能，相信一定可以通过自己和团队的努力解决问题。

不生不灭，就是佛

【佛言今释】

一个真正懂得从工作和生活当中寻找乐趣的人，是不会觉得自己的日子充满压力和忧虑的。有的时候，我们要懂得从工作和生活当中寻找乐趣，懂得享受每一次经历的过程，而且能够从中获得真正的成就。

【品读故事】

有一个小和尚去买油，在他离开寺院之前，寺院里的厨师给了他一个大碗，而且还非常严肃地对他说："你一定要小心，我们最近得到的布施不多，所以你千万不要把油弄洒。"

小和尚答应之后，就下山到了城里，他来到厨师指定的店里买了油。而就在买完油回寺院的路上，他想到了厨师那严厉的表情和非常严肃的警告，而且他越想越感到紧张。

小和尚就更加小心翼翼地端着装满油的大碗，一步一步地往寺院走，小和尚的眼睛牢牢盯着装油的碗，不敢望向其他的地方。

但是非常不幸的是，当他快到厨房门口的时候，由于没有看清前面的路，结果脚踩到了地面上的一个坑里面，虽然小和尚没有摔跤，但是却洒掉了三分之一的油。这个时候，小和尚非常懊恼，而且紧张得双手变得更加发抖了，根本就没有办法把碗端平。等最后来到厨房的时候，碗中的油只剩下一半了。

厨师拿到装油的碗的时候，心中自然是非常生气。他指着小和尚就开始大声斥责起来："你真是没有用啊，我不是说过让你小心吗，你怎么还是洒了那么多的油，你真是打算把我气死啊。"

小和尚在被厨房师父训斥之后非常难过，流了眼泪。就在这个时候，一位老和尚听到了，于是走过来问是怎么回事，当了解到事情的经过之后，老和尚就开始安抚厨师的情绪，当然，他也悄悄地对小和尚说："我再让你去买一次油，这次你在回来的途中，除了保证油不洒，还要多去观察你所看到的人和发生在你周围的事情，而且回来还要讲给我听。"

小和尚听完之后，本来是打算推掉这个任务的，而且他总是强调自己端不好油，更别说要保证油不洒，还要看身边的人和其他的事情了。

可是到了最后，在老和尚的坚持下，小和尚只好勉强答应了，他就这样上路了。

在回来的途中，小和尚第一次发现原来路边的景色居然如此的美丽和迷人。望向远方，能看见雄伟的山峰，而在近处，农夫们正在田地里辛勤地耕种。

小和尚走了没多久，又发现一群孩子正在路边的空地上玩得非常开心，而且还有两位老先生正在路边下着棋。

小和尚一边欣赏风景，一边往寺院走着，没用多长时间，他就不知不觉回到了寺院中。

这一次，当小和尚把手中的油交给老和尚的时候，才发现碗里面的油满满的，一点儿都没有洒。

【滴水禅思】

真正懂得领导艺术的人，会把领导过程看成一种享受，而且喜欢领导的人也才能够真正从领导过程当中获得成就。有一些人，从领导过程中无法得到成就感，更没有任何兴趣，这对于领导者自身而言，是非常不利的。

要摈弃的是一切固执

【佛言今释】

盲目地坚持就是固执，它会让你陷入困境。每个人都会犯错误，但更可怕的是我们犯了错误之后还执迷不悟，一错再错。人的一生，会遇到很多的挫折和失败，而且这些都是由于过度的固执造成的。如果我们只是一味地固执，那么必然会导致自己更大的失利，有的时候，只有果断选择放弃，才是最为明智的。

【品读故事】

有一天，天公不作美，下起了大暴雨。这个时候，恰好有一位非常虔诚的居士在一座寺院里面进行祈福。寺院里已经进水了，而且水已经没过了居士跪着的膝盖。

此时，有一个人驾着一艘小船来到了寺院当中，看见居士，于是对他说道："你赶紧上来吧，不然的话洪水马上就要把你淹死了。"居士说道：

"不，我不走，我相信佛祖一定会来拯救我的，你赶紧去拯救别人吧。"

没过一会儿，洪水变得越来越大，已经到达了居士的胸口，他只能勉强站在祭坛上面。此时，又有一个人开着一艘快艇过来了，并且对居士说道："居士，你赶紧上来吧，我带你离开这里，否则你真的会被洪水冲走的。"居士则说道："不要，我就要守着佛堂，且我相信佛祖一定会来拯救我的，你还是赶紧去救其他人吧。"

不久，洪水把整个佛堂给淹没了，而就在这个时候，天空飞来了一架直升机，飞行员丢下来一条绳梯，并且对居士大声喊道："这位居士，你快点儿上来啊，如果你再不上来的话，你真的就没有机会了，我们不能够让你被洪水淹死。"在这生死关头，没想到居士还是非常固执地说道："不要，我不需要你们的帮助，我一定要守住整个佛堂，我相信佛祖一定会来救我的。"

当直升机飞走之后，只见洪水一浪跟着一浪朝着居士袭来，而这位固执的居士最后被洪水淹死了。

居士死了之后，他见到了佛祖，他心中非常生气，于是质问佛祖道："佛祖，我一辈子都在奉献自己，每天更是兢兢业业地来供奉您，可是您为什么就是不愿意救我呢?"佛祖回答说："我怎么没有去拯救你呢？第一次，我派了一艘小船去拯救你，可是你却固执地不肯走，我还以为你是担心小船不够安全；第二次我又派了一艘快艇去救你，但是你还是不走；最后，我以最为尊贵的标准来对待你，派了一架直升机去拯救你，可是你却还是不愿意走。"

【滴水禅思】

作为领导者，做事千万不要盲目坚持，固守一些陈旧的理念。有的时候，盲目坚持错误的理念，不仅会让自己迷失了前进的方向，甚至会让整个团队找不到行动的目标，不能够团结在一起，从而成为一盘散沙。

执着而不懂得变通，失败的根源

【佛言今释】

灵活变通与弹性处理，并不是滑头性格或者做事没有原则。因时制宜，在一些特定环境中，配合需求，设计出良好的可行方案，这就是弹性处理。我们总是习惯性地按照常规思维去思考，而只有学会灵活变通，你才会发现“柳暗花明又一村”。

【品读故事】

苏东坡和秦少游都是才华横溢的人，而且正值年轻气盛，于是就经常在一起谈学论道，甚至有的时候两人互不相让，争得面红耳赤。

有一天，两个人一起外出游玩，到了中午，他们感觉饿了，于是就来到一家小饭店吃饭。他们刚坐下就看见小饭店的门口有一个乞丐，这个乞丐蓬头垢面，身上还爬满了虱子。

这时，苏东坡随口说道：“你看看那个乞丐真脏啊，身体上到处都是污垢，而且这些污垢也都生出了虱子。”

秦少游却反驳道：“你错了，这些虱子不是从那个乞丐身上的污垢里长出来的，而是从棉絮中间长出来的。”

苏东坡不甘示弱，讥讽秦少游说道：“你这么说有什么证据吗？难道在你家的棉絮里面也长出了虱子吗？”

秦少游听了苏东坡的话，自然是非常生气，于是再一次说道：“你可真是一个恶人，每个人都说虱子是从棉絮里长出来的，估计天底下就你这个傻瓜不知道吧？”

就这样，两个人你一句我一句，争执不下，谁也不肯相让。最后，两个人决定去找他们的好朋友佛印禅师进行评判，到底虱子是从哪里生出来的，而且还约定，不管谁输了，都要请大家吃一桌酒席。

当时，苏东坡求胜心切，结果就私下里跑到佛印禅师那里，请他一定要帮助自己。等苏东坡走后，没有一会儿工夫，秦少游也悄悄地来到佛印禅师的住处，也想请禅师帮助自己，佛印禅师对于二人的请求满口答应了下来。

第二天，苏东坡和秦少游两个人都自以为稳操胜券，心中也都在暗暗窃喜，就等着佛印禅师评判了。

这个时候佛印禅师不慌不忙地说道："虱子的头部是从污垢当中生出来的，而虱子的尾部则是从棉絮中生出来的。现如今，你们两个人都输了，是不是都应该请客啊，谁先请呢？哈哈哈。"

苏东坡和秦少游听完了佛印禅师的评价之后，都大呼上当。

【滴水禅思】

领导者在处理问题的时候要懂得灵活变通，千万不要顽固不化，固守己见。有的时候，我们换一种思维，走一条新路，也许就能够找到解决问题的办法，从而走出当下的困境，获得重生。